いい人間関係は「敬語のくずし方」で決まる

JN110415

藤田尚弓

青春新書
INTELLIGENCE

はじめに――コミュニケーション上手がさりげなく〝意識していること〟

私たちは初対面の相手とは敬語を使って会話をしますが、親しくなるにつれ、だんだんとカジュアルな話し方をするようになります。特に親しくする必要がない仕事関係の人との会話でも、会う頻度や時間の経過に合わせて、正しい敬語から、少しくずした（ゆるめた）敬語を使うようになるケースは多いものです。

皆さんは、どのようなタイミングで、どのように敬語をくずしているでしょうか？

適切なタイミングで敬語を減らしていければいいのですが、なかにはフランクに話してもいいところで敬語を使い続けて、「とっつきにくい人」と思われてしまう人もいます。その一方で、いきなり友人のような話し方をして、「なれなれしいヤツ」と不快に思われている人もいます。

「初顔合わせをした仕事関係の人とチームになっていく」「紹介された人と友人になっていく」「異性と仲良くなっていく」など、敬語から徐々にカジュアルな話し方に変えて関係を深めていきたいシーンはたくさんあります。それを勘や経験則だけに頼ってコントロールするのは難しいと思いませんか？

敬語を使うことの大切さは、家庭でも学校でも習います。社会人になって、尊敬語や謙譲語など、敬語の使い方を学び直した人もいることでしょう。

しかし、敬語をどのタイミングでどうやめるといいか、どの程度くずすと相手とのちょうどいい関係を築けるのか、その具体的な方法については学ぶ機会がありません。先行研究によると「敬語を使うことで違和感やよそよそしさを感じ、言葉の選択（敬語を使うかどうか）を迷うことがあるか」といった質問に「迷う」と答えた人は74・2％にものぼっています（深尾,1997）。

雑談が苦手なわけではないのに、なかなか人と仲良くできない。人嫌いではないのに、とっつきにくいと思われがち。親しくなりたい相手がいるのに、どのように接していいかよくわからない。そんな悩みの原因は、あなたの性格ではなく、単に敬語のくずし方にあるかもしれません。

敬語は場面や相手に配慮した表現であり、お互いを尊重する精神が表れた、日本が誇るべき文化の一つです。良い人間関係を築く上で大事であるがゆえに、真面目な人ほど敬語をくずすタイミングを逃しがちです。

敬語のくずし方は、あなたが思っている以上に人間関係の構築に大きな影響を与えます。

本書では、勘や経験に頼って行われている敬語のくずし方を、心理学や言語学の先行研究をベースに、なるべく専門用語は使わずにご紹介します。

敬語のくずし方で迷わないようにするだけでなく、相手との距離の縮め方という面でも参考になるよう、相手タイプや具体的なシチュエーション別に、実例を交えて解説しました。

紹介したテクニックを使えば、敬語をくずして親しくなっていくプロセスでの失敗を減らすことができるでしょう。

正しい敬語はある程度使えるけれど、どうも人と仲良くなっていくことに苦手意識がある。そんな人でも、敬語をくずすタイミング、ポイント、ルールを確認すれば、自然に相手との距離を縮められるようになります。

敬語に関する世論調査によると「敬語を使うべきときに敬語を使わないで話す」ことを感じが良くないと思う人は約8割います。しかし「必要以上に敬語を多く使って話す」ことを感じが良くないと思う人も約8割という結果になっています（文化庁「国語に関する世論調査」平成10年度）。

本書では営業職の人はもちろんですが、仕事相手と親しくなるのが苦手な人、社会人になって友人を作るのが難しいと感じるようになった人、目上の人との接し方がわからない人、とっつきにくいと誤解されがちな人など、正しい敬語に縛られて損をしてきた人たちの悩みを解消するテクニックを紹介しています。必要な箇所のつまみ読みでも結構です。今日から実践して、無駄な苦手意識と「どこか親しみにくい人」というレッテルから解放されましょう。

目次

1章 敬語を上手にくずせると、なぜ人が集まってくるのか

3章　ストレスなく敬語をくずす「7つのステップ」

4章 この相手にはこうくずす！ タイプ別攻略法

5章 シチュエーション別！ 敬語のくずし方実例集

6章 メール・オンライン時代に役立つ敬語のくずし方

DTP／エヌケイクルー

1章

敬語を上手にくずせると、なぜ人が集まってくるのか

あなたは「とっつきにくい人」? 初対面でのチェックテスト

内向的というわけでもないのに、知り合った人との距離を縮めるのが苦手。その原因は、もしかしたら敬語に対する思い込みにあるかもしれません。まずは、当てはまる項目がいくつあるかチェックしてみましょう。

□フランクに話しかけられても敬語で返してしまいがち
□社会人なので間違った敬語を使わないように注意している
□会話の途中で急に敬語をやめると、なれなれしいと思われないか不安だ
□敬語をやめるタイミングがわからない
□カジュアルに話すようになったのに敬語に戻すのはおかしいと思う
□目上の人と話すときには敬語はくずすべきでない
□敬語を使わないと尊敬表現はできないと思う
□誰とでも初対面でフランクに話せる人を羨《うらや》ましく感じる

当てはまる項目が5つ以上あった人は、敬語に対する思い込みのせいで損をしている可能性があります。詳しく見ていきましょう。

できる大人ほど〝敬語〟を使い分けている

皆さんご存じの通り、私たちは親しくない相手とは敬語（丁寧体）で話し、親しい相手とはタメ口（普通体）と呼ばれるカジュアルな話し方をしています。それに加え、丁寧な話し方とカジュアルな話し方を交ぜて使うこともあります。

上司や取引先など敬語で話し続ける相手であっても、丁寧な敬語のみで最後まで通すケースばかりではありません。話題によっては少しくだけた感じの敬語を使うこともありますし、時間の経過や親しさの度合などに応じて、カジュアルな敬語を使うようになることもあります。

「どのタイミングで敬語からタメ口にしていいかわからない」という人も多いと思いますが、会話の丁寧さは、急激に変わるわけではありません。丁寧な敬語から少しくずした敬語への変化を経て、敬語とタメ口の中間のような話し方に落ち着くケースもあります。部分的にタメ口が交じったり、敬語に戻ったりという「丁寧さの揺らぎ」もよく見られます。

例として、取引先の担当者との会話例で見てみましょう。Aさんは、取引先の会社で担当者のBさんと打ち合わせを行いました。商談が終わり、BさんがAさんを会議室からエレベーターまで送るとき、Bさんが雑談を始めました。

このようなシーンでは、商談とは違うカジュアルな話し方が交じることがよくあります。敬語を使うべき相手であっても、プライベートの話をするときには、丁寧すぎる話し方では不自然で、少しくずした敬語のほうがフィットするからです。

（会話例）
Bさん「今日はお暑い中、ご足労いただきましてありがとうございました」
Aさん「こちらこそ、お時間をいただいて、ありがとうございました」
Bさん「会議室の温度、暑くなかったですか？」
Aさん「いえ、大丈夫です」
Bさん「クールビズって言うんですか？　クーラーの温度は28度だとか、ネクタイはなしだとか、ウチの会社でもルールが変わりまして。正直、何を着ていいか困るんだよなぁ（**＊ひとり言の形で部分的にカジュアルな言い方を交ぜている**）。Aさんのところはクールビズはまだやってないんですか？」

Aさん「実はウチも6月から10月までは上着なしでノーネクタイってことになってるんですが、打ち合わせなんかで他の会社に行くときは、やっぱりスーツを着ちゃうんですよね」

Bさん「やっぱりクールビズは導入されてるんですね。オフィスカジュアルって、結構難しくないですか？」

Aさん「ウチは嫁が買ってきてくれてるんですが、ゴルフ帰りのおじさんみたいになったり、ハワイの添乗員さんみたいになったりで……」

Bさん「あはは！　そんなことはないと思いますけど、慣れないと、なんだかおかしな格好になりがちですよね。でも、奥さんが買ってきてくれるのは羨ましいなぁ（**＊つぶやきのような形式を使い、失礼にならないように普通体を使用**）」

Aさん「でも、買ってきてもらったものは、センスが微妙でも着ないわけにはいかなくて（**＊文末を省略することで敬語使用を避けている**）」

Bさん「そんなふうに気遣いがあるって、羨ましいですよ。ウチは子どもができてから野放しだもんなぁ（＊相手に向かって話すのではなく、感想を漏らす形で普通体を使用）」

エレベーターが来る

Aさん「今日は、ありがとうございました。引き続き、どうぞ宜しくお願いいたします」

Bさん「ありがとうございました。失礼します（＊最後の挨拶は丁寧な話し方に戻る）」

この例のように、敬語ではあるものの、少しくずした話し方を交ぜたほうがいいシーンはたくさんあります。社会人にとって正しい敬語を話せることが重要であるように、商談とは違う少しゆるい話し方で、他人行儀すぎない雰囲気を作ることも大切です。

しかし、どのタイミングで、具体的にはどんな方法を使って、どれくらいまでカジュアルにするのかというのは、意外に難しいものです。そのため、急に敬語をくずして、唐突な印象を与えてしまう人がいますし、丁寧な敬語ばかりを使ってしまい、人間関係において損をしてしまっている人も少なくありません。

企業研修などではマナーとして敬語の使い方を重点的に指導されます（Dunn, 2011）。

正しい敬語を使うことは社会人の常識だと考える人は多いでしょう。そのため、真面目な人ほど「とりあえず敬語を使っておいたほうが安心」という考え方になりがちです。

皆さんの中にも、念のためと考えて、丁寧な話し方で通すようにしている人がいるかもしれません。正しい敬語を使えるというのは大切なことですが、どんなシーンでもそれだけで通してしまうのは、デメリットが多いだけでなく、思わぬリスクがあることを知っておきましょう。

敬語をくずすことで得られる調整機能とは

正しい敬語だけで通してしまうリスクを説明する前に、まずは言葉や話し方が持つ、人間関係の調整機能を先にお話ししておきましょう。

私たちが何げなく使っているくずした敬語には、様々な調整機能があります。代表的なものは以下の通りです。

▽オンオフ切り替えの調整

私たちはオフィシャルな立場で話すときに敬語を使います。普段カジュアルに話している同僚が相手であっても、公式な立場では「では、これからミーティングを始めます」というように話し方は変わります。

取引先と商談をしているときに硬めな敬語を使っていても、商談が終わりエレベーターホールで雑談をするといった先のようなシーンでは、多くの人が少しだけカジュアルな話し方をしているはずです。会社の代表として商談をした後、個人としてプライベートな話をしてくれたときに嬉しく感じたという経験は、皆さんにもあるのではないでしょうか。

人と人とのつながりはビジネスにおいても非常に重要で、接待交際費が会社の経費として認められているというのも、そのためです。

オフィシャルな話からプライベートな話へシフトし、丁寧な敬語からカジュアルさを交えた敬語にして人間関係を構築していく。そのわかりやすい例として、取引先との会食があります。

会食は、かなり丁寧な敬語から始まるのが一般的です。「今日はお忙しい中、お時間をいただきありがとうございます」といった挨拶、オフィシャルな話題から始まり、しだいに食べ物やお酒の好みなどに移行し、趣味などのプライベートな話が展開されます。

相手に敬意を示す態度や敬語は重要ですが、食事を進めていく中では、オフィシャルな会話をしているときとは少し違う、ややくだけた態度、ゆるめた敬語も必要になります。丁寧な敬語をくずさないでいると、カジュアルな話題が盛り上がりにくくなるのは、皆さんもよくおわかりでしょう。

仕事とは関係のない雑談をしておくこと、お互いに親近感を持っておくことは、仕事をする上で有利に働くことが少なくありません。

ビジネスの現場で、人間関係の構築は大きなテーマです。その中でも結果に影響を与える要素に「雑談力」があります。いわゆる会話がうまい人たちの中には様々なタイプの人がいますが、共通することの一つは、話題をオン（ビジネストーク）からオフ（雑談などプライベートの会話）にスイッチさせるスキルです。

営業成績の良い人の会話記録を分析してわかったのが、「良好な関係を築くのがうまい人たちは、そうでない人たちに比べて、お客様と個人的な話をする回数が多い」ということでした。

また、管理職研修のための調査をしたときにも、「管理職としての評価が高い人ほど、雑談を大切にしている」という傾向が見られました。

皆さんの仕事相手を何人か思い出してみてください。ちょっとしたミスがあっても許せる人もいれば、些細なミスでもカチンときてしまう人もいるのではないでしょうか。「このくらいは協力してあげてもいいだろう」と手を貸したくなる人もいれば、「わざわざ親切にする必要はない」と思ってしまう人もいるはずです。

このように対応が分かれるのは、日頃の関係性による部分が少なくありません。取引先やお客様と、雑談を通じてほんの少しプライベートな話をして、お互いの距離を縮めておくことは、ビジネスマンにとって「トラブルを少なくするための予防線」にもなるのです。

交渉でも、本題に入る前に雑談をしたグループと、雑談なしで交渉を始めたグループでは、前者のほうが譲歩を引き出しやすく、いい交渉になりやすいと言われています。

「自分の仕事には雑談なんて関係ない」と思う人もいるかもしれませんが、人間が感情の生き物である以上、どんな職種であっても雑談ができることは、仕事や人間関係において様々な面で強みになるのです。

ただし、雑談といっても、天気の話や食べ物の話をすればいいわけではありません。いくら話題を用意しても、上手に雑談に移行できない人は要注意です。仕事モードの人に雑談をしてもらうには、オフィシャルな会話のときとは違った、話しやすい雰囲気を作ることが必要です。

筆者は大学の公開講座で「コミュニケーション心理学」と「交渉」を受け持っており、講義の中で、雑談が相手の譲歩にどう影響するかという体験ゲームをしています。

10年以上、学生と社会人にゲームをやってもらってきたのですが、雑談をすればいい結果になるかというと、そうではありませんでした。雑談をしたにもかかわらず、雑談なしのグループと譲歩に差が出なかったチームも少なくなかったのです。

雑談がいい方向に働いたチームとそうでないチームの違いは、「雑談のスムーズさ」「雑談の盛り上がり方」であり、これらに影響を与えていることの一つが「敬語のくずし方」でした。

オンからオフへ話題を変えるとき、またオンに戻すときなど、会話がシフトするときには敬語も変化します。初対面の相手と敬語で丁寧に挨拶をした後、雑談をしたいとき。また、仕事の話からプライベートの話をして和《なご》やかな雰囲気に変えたいとき。敬語をくずしたり、丁寧にしたりという、オンオフの調整機能を使えるようになると想像以上のメリットを得ることができます。

▽距離感の調整

言葉や話し方が持つ調整機能には、この先、相手とどういう関係になりたいかという「関係性への期待を伝える」という機能もあります。

例えば、職場の同僚と初めて飲みにいったと想像してみてください。相手が硬い敬語で話し続けた場合、距離を縮めるのを難しく感じる人が多いはずです。

逆に、適度にくずした敬語を使い、ときどき友達と話すような言葉遣いが交じった場合はどうでしょう。親しく話してもいい、とか、リラックスして話せると感じる人が多くなるはずです。

というのも、敬語には、相手を敬《うやま》っていることを表現する機能だけでなく、距離を保ち、立ち入らせなくする機能もあるからです。夫婦喧嘩のときに、妻が「じゃあ、勝手にしてください」など、突然敬語を使うことがあるのはこのためです。

俳優の妻夫木聡《つまぶきさとし》さんが、同学年の岡田准一《おかだじゅんいち》さんに敬語を使われて「壁がある」と感じたと発言したことがニュースになったことがあります（オリコンニュース2018年10月）。妻夫木さんは同い年の岡田准一さんにタメ口で話しているのに、敬語で返されることが気になると発言していました。

丁寧な敬語には「距離を取りたい」「これ以上プライベートに踏み込ませたくない」といったネガティブな意思を伝えるという側面もあることを覚えておきましょう。

これは逆に言うと、失礼のないように敬語をくずせるようになれば、距離を縮めてもいいという気持ちを相手に伝えられる、ということでもあります。

皆さんの周りにも、誰とでも自然体でフランクに話せる人がいると思います。ぜひ、彼ら彼女らの会話を観察してみてください。敬語を使う間柄の人とでも、まず自分が先に、ほんの少し敬語をくずして、距離を縮めていく土台を作っていることに気づくはずです。

敬語をくずすのは慣れないと勇気がいるかもしれませんが、「仕事とは関係のない話をしてもいいんだな」と相手に思ってもらえる環境作りのためにも、ぜひ覚えておきたいスキルなのです。

▽打ちとけるスピードの調整

「休日は○○をしている」「趣味は○○だ」「○○に住んでいる」など、自分についての話をすることを自己開示と言います。

自己開示は、挨拶などの表面的な会話から一歩進むために重要な役割を果たし、人との距離を縮めるときに欠かせないものです。職場の先輩に飲みに連れていってもらったときの例で見てみましょう。

(例)

自分「この店にはよく来られるんですか?」

先輩「いや、会社の近くではよく飲むけど、この店は初めて。前を通って気になってたから、今日は付き合ってもらえてよかったよ」

自分「お酒は普段ワインが多いんですか?(＊質問)」

先輩「日本酒が多かったんだけど、最近太ってきたから焼酎かワインにしてるんだよね。米もなるべく食べないようにしたら、結構調子いいんだよ(＊質問によって引き出された自己開示)」

自分「えっ、○○さんも糖質制限してるんですか！　僕も3キロ太っちゃったんで日本酒をやめてるんです（＊自己開示）。普段はハイボールなんですけど、確か赤ワインも糖質が少なかったな（＊自己開示＋ひとり言ゆるめ）」
先輩「へぇ、△△も糖質制限してるんだ」
自分「めっちゃ凝ってますよ。腕に血糖値がわかる器具を付けてますし（＊自己開示）。これ、針を刺すタイプなんですけど、痛くないし、何を食べるとよくないのかがわかっていいですよ。血糖値とか測ってます？（＊質問）」
先輩「いや、まだそこまでは。でも嫁にいい加減やせろってうるさく言われてるんだよな（＊質問によって引き出された自己開示）。やってみようかな。ちょっと見せてよ」

自己開示を促すには、質問をすることと、自分も自己開示をすることが有効です。しかし、このときに硬い敬語で話しているとプライベートな話を引き出すのが難しくなります。相手に自己開示をしてほしいときには、ぜひくずした敬語を使ってみてください。
とはいえ、職場の先輩くらいの親しさであればそんなに難しくないでしょうが、初対面の相手の場合は、簡単に切り替えられるものではないかもしれません。そんなケースでは、どうすればよいのでしょうか。

参考として、あるトークバラエティ番組の司会で、タレントの優香さんが使っていた敬語のくずし方をご紹介しておきましょう。

その番組では、出演してくれるゲストと恋愛話をするのがお約束です。とはいえ、恋愛話は親しい相手にしかしないプライベート中のプライベートな話。堅い間柄のままでは引き出せるはずがありません。

ゲストとは初対面ですから、会話は丁寧な敬語による挨拶から始まります。そのままでは、恋愛トークに移行するのは難しい。いくら自分が恋愛の話を披露しても、堅いままの雰囲気では、立ち入った話をしてもらうことはできないでしょう。

そこで彼女はあるゲストに対し、会話の始まり早々、こう切り出しました。「なんてお呼びしたらいいかな?」

「お呼びする」という敬語表現に、「いいかな?」という、くだけたフレーズを使った文末表現は、文法としては間違いです。ここだけを切り取れば、言葉の乱れだと目くじらを立てる人もいるかもしれません。しかし、相手を立てつつ、これから仲良くしていきたいという表現としては好例と言えるでしょう。

丁寧だけど堅い雰囲気から、徐々にやわらかくしていくのには時間がかかりますし、難易度も高めになります。これに対し、お互いがどのような丁寧さで話せばいいのか探り合う段階（会話の最初のほう）で敬語をくずすのは、それほど難しくありません。あえて敬語表現と交ぜることで、相手に敬意を払っていることも伝えられます。

トーク番組のお仕事をする中で無意識に身につけられたのだと思いますが、短い時間の中で打ちとけた話をしなければならないケースに適した方法と言えるでしょう。

実際に交わされた自然な会話例を集めて分析してみても、お互いが自己開示を行い、プライベートな話もするようなシチュエーションでは、会話は少しカジュアルになっていきます。文法的には間違いでも、こういったシーンで敬語に普通体（タメ口）が交じるということはむしろ自然なのです。失礼になってはいけないという気持ちから敬語を使い続けると、お互いの関係は深まりません。

ちなみに、呼び方も相手との関係性に強く影響します。名字に「さん」をつけて呼ぶよりも、相手に了承を得た呼び方（例えば下の名前＋さん、など）のほうが、距離を縮めたいときには有効です。関係性などを考慮し、許される相手の場合、試してみるとよいでしょう。

敬語をくずさない人の「3つの損（リスク）」とは

では、ここからは、敬語をくずさないことで生じるリスクについてお話ししていきましょう。場面や話題にかかわらず、敬語をくずせない人は、

・相手に敬意を持っていることが伝わらないのではないか
・カジュアルに話しても、相手に敬語で返されないか
・まだそれほど親しいと思われていないのではないか
・なれなれしいと思われないか
・相手に失礼にならないか

といった理由をつけて、「念のために」と丁寧すぎる話し方を続けてしまう傾向があります。安全策のつもりが裏目に出てしまう、敬語をくずさないでいることの3つのリスクを確認しておきましょう。

リスク1 先入観（バイアス）の罠にハマる

皆さんは、会って間もない人の血液型がA型だと知ったときに、どんな性格だと考えるでしょうか。おそらく「几帳面」「慎重」といった性格だと考えるはずです。相手の職業が看護師だと知った場合、献身的だと考えたり、太っている人の性格をおおらかだと考えたり、私たちには少ない情報から相手の性格を推測する特性があります。

こういった推測には間違いも多いのですが、そうした思い込み＝先入観を書き換えるのは意外に難しいことが知られています。私たちには、予測と一致した部分に着目して「当たった」と確信を深めてしまう傾向があるからです。

おおざっぱな一面と几帳面な一面を持ち合わせている人なのに、A型だと知っているばかりに、几帳面なところが目についてしまう。占いでアンラッキーな日だと言われると、実際には良いことも起きているのに、悪いことばかりに着目してしまう。そんな経験は皆さんにもあるのではないでしょうか。

「血液型なんて信じない」と言う人でも、A型は几帳面といった一般的に言われている情報を知っているだけで、「やっぱり」と思うような部分を選択的に記憶しがちだという研究もあります。私たちは思っている以上に、思い込みにとらわれてしまう生き物なのです。

話題や場面にかかわらず敬語をくずせないでいると、「とっつきにくい人」「真面目すぎてつまらない人」「話しにくい人」といった性格だと刷り込まれてしまうリスクがあります。

実際にはユーモアがあって社交的だったとしても、堅実な部分や、相手に踏み込みすぎないよう配慮している部分ばかりに注目され、その印象がいつまでも定着してしまい、「仲良くなるのが難しい人」と思われてしまうリスクがあるのです。

リスク2　関係性を深めるのに時間がかかる

「この人とは仲良くなれなさそうだ」といった第一印象は、当然ですが間違っていることも少なくありません。しかし対人コミュニケーションでは、こういった間違った思い込みが現実になってしまうことがよくあります。

「敬語をくずすタイミングがわからないので、とりあえず敬語で話しておこう」と思っているあなたと、話し好きなAさんが一緒に仕事をすることになったとします。Aさんは、ずっと敬語で話すあなたに対して「真面目だけど、つまらなそうな人」という印象を持ったとします。

Aさんは、職場の他の人たちとは何かにつけて雑談をしますが、「真面目だけれどつまらなそうな人」という先入観を持ってしまったあなたに対しては、仕事以外の話をすることを減らすでしょう。

商談中にちょっとユニークな冗談を思いついても披露しない、会話が盛り上がりそうな話題になっても積極的な会話は遠慮するというようなレベルですが、どこかよそよそしい態度に見えると思います。

こうなると、あなたは積極的に話しかけてこないAさんに対し、ますます敬語をくずしにくくなり、Aさんはさらによそよそしくなるという連鎖が始まります。対人関係では、このような相互作用はよく見られます。これがまさに「印象が引き起こす相互作用で仲良くなれないリスク」の典型です。

そうは言っても、「付き合っていくうちに、わかってもらえるだろう」と思うかもしれません。しかし、一度よそよそしくなってしまうと、関係を近づけるチャンスはどんどん狭まってきます。職場のような、しょっちゅう顔を合わせる関係なら大丈夫だと思いたいところですが、そんなケースでも思い込みを払拭するのは意外に難しいものです。私たちには「情報を得た順番に影響される」という性質があるからです。これが次の3つめのリスクです。

リスク3　第一印象での評価がその後も続いてしまう

印象形成の研究で有名なアメリカの実験社会心理学者S・アッシュの、情報が出される順番で人の評価が変わってしまうという研究をご紹介しておきましょう（Asch, 1946）。

アッシュは被験者を2つのグループに分け、1つめのグループに対しは、ある人の性格だとして「知的な→勤勉な→衝動的な→批判的な→頑固な→嫉妬深い」という順番で情報を与えました。

もう1つのグループには、提示順を逆にして「嫉妬深い→頑固な→批判的な→衝動的な→勤勉な→知的な」という順番で情報を与えました。

そして、それぞれのグループに、ある人に対してどんな印象を持ったかを尋ねてみた結果、同じ内容を伝えられたにもかかわらず、順番の違いによって大きな差が出たのです。

「知的な」との情報を先に聞かされたグループの印象は次のようなものでした。

「彼は知的で、幸運にも、その知性を活かす仕事についている。頑固で衝動的なのは、自分が熟知しているせいで、他の人の意見をなかなか受け入れられないせいだろう」

これに対し「嫉妬深い」という情報を先に聞かされたグループでは、まったく違った印象になっていました。

「せっかくの勤勉さや知性などの良いところが、嫉妬や頑固さのために発揮できないでいる、感情的な人。欠点が長所を隠して、成功しない。おそらく、嫉妬深さと衝動的な性格のせいで不適応を起こしているのだろう」

古い研究ですし、印象形成はその後も様々な形で研究されていますが、同じ情報なのに提示される順番によって評価が変わってしまうというのは皆さんも体感していることではないでしょうか。

関係性がまだ浅いからといって、安全策のつもりで丁寧すぎる話し方を続けていってしまうと、それが後々までの評価を決めてしまう可能性があることを知っておきましょう。後から評価を変えるのは、想像以上のエネルギーと時間を必要とします。

上手に敬語をくずすのにスキルはいらない

それほど気にしていない相手とは親しく話せるのに、仲良くなりたいと思う相手に限ってうまく距離を縮められない。皆さんにもそんな思いを抱いている人がいるのではないでしょうか。

大事だと思うからこそ敬語を使って失礼のないようにしているのに、そのせいで関係構築がうまくいかないというのは、敬語をくずせない人の典型でもあります。特に相手が敬語をくずしてきたタイミングで自分も相応にくずせないと、関係性は発展しにくくなります。具体例で見てみましょう。

あなたには、同い年なのに仕事で活躍している憧れのAさんがいると想像してみてください。あなたはその人と食事会やゴルフで一緒になることがあり、できれば仲良くなりたいと思っています。

ある日、食事会で、偶然その人の隣に座ることになりました。あなたはどのように振る舞うでしょうか。

Aさん「あれっ、また一緒!? 俺たち共通の友達が思ったより多いんですかね」
あなた「そうですね。今日は誰の関係で参加されているんですか」
Aさん「Cさんです。もしかしてCさんも知り合い?」
あなた「いえ、存じ上げないです」
Aさん「そっか。業界が同じとはいえ、いろんな会社がありますもんね。そういえば、この前、話に出た山梨の店は行った?」
あなた「いえ、まだです。もう行かれましたか?」
Aさん「いや、俺もまだです。やっぱり山梨はちょっと遠いですかね……」

相手がカジュアルな話し方をしてくれているのに、大事に思う相手だからこそ敬語で返してしまう。これはとても残念な失敗と言えます。

自分が敬語をくずしたときに、相手から硬い話し方で返されることが続くと、話したほうとしては「ちょっと失敗したかな」と感じます。このとき意識するかしないかくらいのレベルで「カジュアルにした会話が受け入れられなかった」「親しくしようと思っていたのは自分だけかと思うと、恥ずかしい」といった感情を抱きます。

私たちには傷ついたり、恥をかいたりするのを本能的に避けたがる欲求がありますので、こうなると話し方を敬語に戻し、距離を取るようになってしまいます。

相手と親しく話したいという欲求よりも、プライドを守りたい、傷つきたくないという欲求のほうが強いので、相手と積極的に距離を縮めようとはしなくなるのです。

コミュニケーションには相互に影響を与える作用がありますので、片方が丁寧な敬語で壁を作っていると、相手は懐に飛び込みにくくなります。「大人になると友人がなかなかできない」「恋人が欲しいのに、いい出会いがない」と思っている人は、自分がコミュニケーション下手だと思いがちですが、カジュアルに話すことを遠慮して、打ちとける機会を逃しているだけなのかもしれないのです。

これには感情感染も少なからず影響しています。脳科学、特にミラーニューロン（他人の行動やその意図を、鏡のようにマネしようとする神経細胞）の研究が進み、私たちの持つ共感能力や感情感染についても、いろんなことがわかるようになってきました。そういった研究を知らなくても、楽しい気分の人がいるとその場が楽しくなる、悲しんでいる人を見ると自分もなんとなく気持ちが沈んでしまうというのは思い当たる人も多いのではないでしょうか。

感情感染の影響について調べた実験があります。「かすかに楽しい」雰囲気の朗読をして聞かせるグループと、「かすかに悲しい」雰囲気の朗読を聞かせるグループとに分けて、聞いている人たちの反応の違いを調べたものです。

この2つの朗読の差は微妙で、意識して聞かないとよくわからないくらいのものですが、実験に協力した人たちはそれぞれ「かすかに楽しい気分」「かすかに悲しい気分」に変化していました。かすかな朗読の違いでも、聞いている人の気分に影響を与えていたのです。

遠慮をして硬い敬語を使い続けているとき、遠慮している気持ちは相手にも伝わります。「ざっくばらんに話したいけど、図々しいヤツと思われたくないので、念のために敬語で話しておこう」「相手がカジュアルに話してきたから、自分もカジュアルに話したほうがいいんだろうか。いや、やっぱり失礼かな」といった敬語に関する葛藤は、相手にも感染します。それが、なんとなく話しにくい気分にさせ、「合わない人」「楽しい気分にならない人」といった勘違いをされることにつながるのです。良かれと思った配慮が後々の関係にまで響いてしまうなんて、もったいないと思いませんか。

この章では丁寧な敬語を使い続けてしまうデメリットをお話ししてきました。デメリットについては十分にご理解いただけたと思いますが、だからといって唐突に敬語をくずしてしまい、なれなれしく感じられるのも問題です。

次の章では、敬語をくずしていいかどうかの見極め方、敬語に頼らず敬意を示す方法、なれなれしく思われないための部分的に敬語をくずす方法について解説します。

2章

失礼なく敬語をくずす「3つのポイント」

〝硬い敬語〟を抜け出せない3つの心理

敬語をくずすことに抵抗はないものの、硬い敬語のまま通してしまう。そんな人たちの悩みは大きく3つに分けられます。

1つめは、敬語をくずしてもいい場面かどうかが見極められないという悩みです。敬語をくずしたほうがうまくいく場面は多いのですが、丁寧な敬語を使い続けたほうがいい場面というのもあります。この解決策として、敬語をくずしていいか判断するための簡易的な方法をご紹介します。

2つめは、敬語をくずしたら失礼になるのではないかという心配です。敬語は相手を敬う気持ちを表現する一つの手段にすぎません。

恋愛にたとえてみるとわかりやすいのですが、「愛している」といった表現をしなくても、相手の喜ぶことをする、プレゼントをする、よく話を聞くなど、様々な方法で気持ちを伝えることは可能です。

逆に、いくら口では「愛している」と言っても、相手を軽んじるような行動ばかりしていては、信じてもらえないのは当然でしょう。

この章では、敬語をくずしても尊敬の気持ちをプラスできるテクニックもご紹介します。

3つめは、相手から敬語をくずしすぎだと思われてしまうのでは、という悩みです。「なれなれしいと思われたらどうしよう」といった心配は誰にでもあると思います。しかし敬語は、一度くずしたらもう元に戻せないというものではありません。相手の反応や話題などに合わせて、また丁寧な話し方に戻す方法も押さえておきましょう。

この3つの対処法を押さえておけば、敬語をくずすことに躊躇《ちゅうちょ》していた人も、安心してチャレンジできるかと思います。

それでは、具体的な方法を見ていきましょう。

ポイント1 敬語をくずしていいタイミングを見極める

▽この3つのチェックから始めよう

相手との関係性は話し方に大きな影響を与えます。

私たちは敬語を使うかどうか判断するとき、「年齢が上か下か」「お互いの立場はどうか」

といった関係性をチェックしています。敬語をくずしていいかどうかの判断でも、これは大事なポイントになります。

例えば、相手が年上であっても、趣味の仲間といった関係性の場合、ややカジュアルな敬語で話すといった選択をします。相手が年下であっても、取引先の担当者といった場合には、丁寧な敬語が適切です。

私たちは初対面の相手とも敬語で話しますが、上下関係がない相手の場合は、親しくなっていく過程でカジュアルな話し方になっていきます。

以下に簡易チェックリストを作っておきましたので、敬語をくずしていいかどうかを判断するときの参考にしてください。


〈関係性〉
□取引先や顧客など仕事の相手ではない
□初対面だが今後仲良くできそうな相手だ
□年上だが利害関係なく付き合える相手だ
□プライベートで知り合った相手だ

次にチェックしたいのは、どんな場面かということです。

会議で発言する場合、会社の代表として交渉に臨む場合などオフィシャルなシーンでは、敬語の中でも、かなり硬い言い回しが使われるのが一般的です。普段はカジュアルな話し方をしている相手とも、会議では敬語で話すといったことも起こります。

逆に、上下関係がある相手でも、帰りにプライベートで飲みにいくといったシーンでは、少しくずした敬語を使うほうが適しています。取引先から帰るときに、エレベーターを待つ間に雑談をするといったシーンでも、仕事の打ち合わせのときに比べて、ややカジュアルな話題や話し方が選ばれたりします。

以下に簡易チェックリストを作っておきましたので、場面を判断するときの参考にしてください。

(場面)

□オフィシャルなシーンではない

□どちらかというとプライベート寄りの場面だ

□緊張するような場というよりはリラックスした場だ
□個人的な発言ができるような場だ

次にチェックしたいのは、どんな話題かということです。相手が上司であっても、趣味の話題で盛り上がっているような場合には、少しくずした敬語がマッチします。

逆に友人同士であっても、仕事をお願いするといったときには、自然と敬語になりやすいものです。オフィシャルな話題なのか、それともプライベート寄りの話題なのかというのも、敬語をくずしていいかどうかの判断には欠かせないのです。

以下に簡易チェックリストを作っておきましたので、話題を判断するときの参考にしてください。

〈話題〉
□天気など、いわゆる挨拶のような話題だ
□打ち合わせの前後などに行われる雑談である

□趣味の話などプライベートな話題だ
□武勇伝や自慢話など相手が話したい話題だ

「関係性」「場面」「話題」の3つのチェックポイントで特に重要なのは、話題です。プライベート寄りの話題で相手がカジュアルな話し方をしていて、会話が盛り上がっている場合は、敬語をくずす絶好のチャンスと言えるでしょう。

▽会話が真に盛り上がっているかどうかを判断するポイント

盛り上がっているかどうかは、相手の表情や声のトーンでだいたいわかると思います。自信が持てないという人のために、話が盛り上がっているかどうかを判別するための9つのポイントをご紹介しておきます。

1．発言している時間が長くなる

話題が変わってから、相手の発言や受け答えの時間が長くなった、というのがわかりやすいサインです。

2．会話が重なる

誰かの発話が終わっていないときに、他の人が発言するという「重なり」が見られます。

3．特定の単語が何度も出てくる

「ダイエット」「減量」など、同じ意味の単語が繰り返し使われるようになります。

4．関連した単語も増える

例えば、話題が「ダイエット」の場合、「カロリー」「糖質」「運動」など、話題に関連する単語が増えます。

5．主観的な発言が増える

個人的な感想、推測、希望など主観的な発言が増えます。

6．語尾に「よ」や「よね」がつく

「それがすごくいいんですよ」「絶対流行《はや》ると思うんですよね」などと語尾が変化します。

7. ユーモアを感じさせる発言が見られるようになる

笑わせることを意図した発言をするようになります。

8. 声が大きくなる

発言、リアクションの両方の声が大きくなるのがポイントです。

9. 話すスピードが速くなる

話が盛り上がっていると、発言する人は早口になりがちです。

このような特徴が見られるときには、自然に敬語をくずしやすいタイミングですので、安心して試してほしいと思います。

相手への尊敬の気持ちは、次項で紹介するように、敬語以外の部分でプラスするようにしましょう。総合的な敬意表現が、丁寧な話し方をしていたときと変わらないようにするのがコツです。

ポイント2 敬語以外の部分で敬意を示す

皆さんが取引先を訪ねたとします。受付では丁寧な敬語で対応してくれたものの、アポイントの時間を過ぎてからも、立ったまま長く待たされています。どう感じるでしょうか。おそらく、だんだん不安になってくると思いますし、軽んじられているように感じる人もいると思います。

逆に、入り口近くまで行ったときに、気づいた人がサッと走り寄ってドアを開けてくれた場合はどうでしょうか。多少くずした敬語で挨拶をされても、大事にしてもらっていると感じやすいはずです。

言葉と言葉以外の部分（非言語コミュニケーション）が一致しない場合、私たちは非言語コミュニケーションのほうを信じやすい傾向があります（Blanck & Rosenthal, 1982）。慇懃《いんぎん》無礼という言葉があるように、言葉は丁寧でも相手を見下すような態度を取る人たちに私たちは敏感なのです。

敬語は、相手を敬う気持ちを表現する方法の一つです。敬う気持ちは言葉遣いだけでなく、行動、表情、話の聞き方などでも表現されています。

ややカジュアルな話し方をしても、言葉以外の部分で敬意を表現して、総合点が変わらないようにすれば、相手を大切にしているという気持ちは伝わります。敬語をくずしたぶん、どうやって補うのか。具体的な方法をご紹介します。

▽「姿勢」で尊敬の気持ちをプラスする

相手に対してくつろいだ姿勢を取ることは地位の上下関係を表す明確な合図です。相手の地位が自分より低いと思ったとき、くつろいだ姿勢が取られやすいことがわかっています。敬語をくずしたほうがいいシーンでは、相手はくつろぎの姿勢を取っているはずです。そんなシーンでも、姿勢で敬意を表すようにすると、多少敬語をくずしても相手を大切にしている気持ちは伝わります。

○敬意を表すときの姿勢

頭、肩、腕、足などが左右対称になるようにしておくのがポイント。話を聞くときは前傾姿勢を意識。

×敬意が伝わらない姿勢

リラックスできる相手といると、姿勢は頭、肩、腕、足などが非対称になりやすい傾向があります。逆の見方をすると、非対称な姿勢は相手に敬意が伝わりにくいということです。

▽「うなずき」で尊敬の気持ちをプラスする

「話を聞いている」のと「相手が聞いてもらっていると感じる」というのは違います。うなずけば「あなたの話を聞いていますよ」というサインを送ることができます。会話で丁寧にうなずくことは、人に認められたいという相手の承認欲求を満たす効果も期待できますし、好意を伝えるという意味でもお勧めです。

相手の会話を促進し、会話量を増やす効果もあるので、積極的に使うとよいでしょう。

ただし、うなずくスピードや視線などに気をつける必要があります。良い例と悪い例で確認しておきましょう。

○敬意が伝わりやすいうなずき方
顎《あご》を引き、相手の目を見ながら、いつもより少しゆっくりめにうなずきます。

×敬意が伝わりにくいうなずき方
うなずくスピードが速かったり、顎が上がっていたりすると軽んじている印象になりやすいので注意。

▽「行動」で尊敬の気持ちをプラスする

相手が入ってきたときに素早く立つ、呼ばれたらすぐに行くなど、行動でも相手に尊敬の気持ちを伝えることができます。同じ行動や表情でも、反応速度によって相手の受け止め方は変わってきます。

○敬意が伝わりやすい行動
すぐに反応することで、自分から進んでそうしているということが伝わります。

×敬意が伝わりにくい行動

立つ、呼ばれたら行くなど、必要とされる行動はするものの、反応速度が遅かったり、嫌そうな表情をしたり、溜息をついてから行動したりすると、敬意が伝わりません。

▽「会話量のバランス」で尊敬の気持ちをプラスする

業務報告など、部下の話を聞くことが目的の場合を除いて、会話では目上の人のほうが話す量が多くなる傾向があります。相手に敬意を伝える意味でも、なるべく相手に多く話してもらうように心掛けましょう。

相手がした体験談などを認める意味で、相手が話し終わった後に自分の体験や感想を話すというケースがあります。ここが長すぎると、いくら丁寧な言葉で接していても、残念な印象になってしまいます。

尊敬の気持ちをプラスしたい場面では、自分の話は短く切り上げましょう。具体的には、相手7：自分3の分量を意識するのがオススメです。

○敬意が伝わりやすい会話バランス

相手が話したい内容を、あいづちや驚きの表情などを交えながら、興味を持って聞く。自分の話は短めに切り上げる。最後は質問にして、相手の会話量を増やすようにします。

×敬意が伝わりにくい会話のバランス

相手が話している最中に、その話題に関する自分の経験を長く話してしまうと、結果として相手の話題を取ってしまう形になるので注意しましょう。

▽「座る位置」で尊敬の気持ちをプラスする

敬語をくずして話せるような間柄であっても、座る位置では敬意を表しましょう。社会人であれば、上座《かみざ》と下座《しもざ》の判断は大丈夫だと思いますが、不安がある人はこの機会にチェックしておくとよいでしょう。

座る場所は厳格に守らなければならないものではありませんが、仮に上座に座ってしまった場合には、そのぶん恐縮している顔をするといった小技ができるかどうかがポイントになります。

○敬意が伝わりやすい座り位置

相手が遠慮しても上座をもう一度勧めてみましょう。気を使わせないよう、自分が先に下座に座って、落ち着いてしまうのもアリです。

自分が招待される側で、上座を勧められた場合は、一度辞退してみましょう。それでも勧められた場合には「恐縮です」と言ってから、バツが悪そうに上座に座ります。

×敬意が伝わりにくい座り位置

自分が招待される側の場合、勧められたら上座に座るのがビジネスマナーとされています。そうは言っても、躊躇せず、当たり前のように座ってしまうと印象が悪くなります。

タクシーの場合は、上座である運転手の後ろの席に座るのが面倒に感じる人も多いので、先に乗るように勧められた場合には「恐縮です」「失礼します」といった一言を添えて、奥に座るといいでしょう。

▽「言葉」で尊敬の気持ちをプラスする

相手を大事に思っていること、一緒に過ごせて嬉しいことなど、自分の気持ちを言葉でストレートに伝えるのもアリです。多くの場合は、褒め言葉とセットになります。

言葉にしなくても察してもらえるだろうと思いたい気持ちや、照れの感情さえクリアしてしまえば比較的簡単な方法と言えるでしょう。

○敬意が伝わりやすい感情表現

なぜそんな気持ちになったのか、具体的な理由を自分の言葉で一緒に伝えましょう。理由を伝えることで、本心であることが伝わりやすくなります。

ただし、褒めた理由を伝えただけではまだ、照れや気まずさを感じさせたり、謙遜させたりと相手に気を使わせてしまうこともあります。

相手を困らせないようにするためには、褒め言葉と褒めた理由のあとに関連する質問（例：そうするためには、普段どんなことに気をつけているんですか？）を続けるのがコツです。話題が先に進むことで褒められた人の気まずさを緩和することができます。

×敬意が伝わりにくい感情表現

照れる気持ちから言葉が中途半端になってしまうと、お世辞や取り入りに聞こえることがあります。褒めるときには理由までしっかり伝えましょう。

ご紹介してきた、尊敬をプラスするテクニックが難しいと感じる人も安心してください。心から尊敬の気持ちがある場合、発音や雰囲気でも気持ちは伝わるからです。

例えば、私たちが会話の中で無意識に使ってしまう「あっ」という発声（例：「あっ、あの件ですね」というフレーズの「あっ」の部分）のみでも、上下関係や親密度がわかるという研究もあります。ほんのわずかな発話にも、声のトーン、表情、姿勢、視線、雰囲気など様々な情報が含まれています。本人は気がつかなくても、どのような感情であるかが周りの人にバレてしまうというのはよくあることです。「え？　知らないよ」という「え？」の言い方で、本当は知っているとわかってしまう。そんな経験は皆さんにもあるのではないでしょうか。

スペイン語しか話せないアルゼンチン人を対象にした実験では、何を話しているか理解できなくても、発声の様子だけで感情がわかるということが示されています。

この実験では、スペイン語のモノリンガル話者が、母国語と3つの外国語（英語、ドイツ語、アラビア語）による擬似発話（ナンセンススピーチ）から、基本的な感情をどのように認識するかを調査しました。その結果、どの外国言語においても、基本的な感情の音声表現は偶然を上回る精度で解読されていることが明らかになったのです（Pell, 2009）。

多少敬語をくずしても、相手を大切に思う気持ちがあり、それを照れなどで抑制しなければ、敬意は自然と伝わるのです。

逆に言うと、相手を大切にしていないということも、言動の様々な部分から伝わります。能力が足りないように見える上司などもいるとは思います。そんな場合にも、いいところを見つけて、敬意の気持ちを持つよう心がけておくと、余計なトラブルを避けることができるでしょう。

ポイント3 相手が違和感を覚えないように調整する

敬語をくずすときに失敗しない方法として、丁寧な話し方とカジュアルな話し方を交えながら少しずつ調整をしていくというやり方がお勧めです。

どのように調整していけばいいのか、具体的な方法を見ていきましょう。

▽リスクを最小限にする「くずし方」の基本とは

くずした敬語と丁寧な敬語の調整をするときには、「場面」と「話題」に合わせるのが基本です。笑いが出るようなカジュアルな話題のときには少しくずした敬語を使い、ビジネスの話題になったときには丁寧な敬語に戻すと覚えておけばよいでしょう。

服装にたとえて言うなら、少しくずした敬語とはスーツのときに上着を脱ぐようなイメージです。普段着というわけではなく、スーツを着ていることに変わりはないのですが、上着を脱いでもいい場面を思い浮かべるとよいかと思います。別の部屋に案内され、決裁権のある人と商談するといった場合には、自然に上着を着るのではないでしょうか。

カジュアルな話し方と丁寧な話し方の両方を使うのはおかしいと思う人もいるかもしれませんが、話題に合わせて話し方を変えるというのは、多くの人が無意識のうちにやっていることです。

具体的にどれくらい話し方を変えているのでしょうか。先行研究では、初対面の相手と敬語で丁寧に話すときにも、敬語に普通体（タメ口）が交ぜられることが報告されています。会話が硬くなりすぎないようにタメ口が交ぜられている率は2～3割です。

また、年齢や立場が上の人のほうが1割程度、普通体が多くなるとも報告されています(三牧,2002)。

ビジネスシーンで普通体を交ぜる例を考えてみましょう。

商談に入る前の雑談で、最近暑いこと、ビールが美味しいこと、そのせいで太ったことなどを話しているときなどは「です・ます」調で話しているものの、少しゆるめの敬語が使われます。商談に入ると改まった言葉遣いになり、商談が終わって応接室を出るときには、また少しゆるめた敬語が使われます。

このように「場面」と「話題」に合わせた話し方なら、丁寧さの変化も自然に聞こえます。敬語をくずしすぎたかなと思った場合でも、場や話題が変わるタイミングで丁寧な話し方に戻せると思えば、心の負担は少なくなるのではないでしょうか。

カジュアルな話し方のまま通すのではなく、あえて途中で丁寧な敬語に戻すことは、「わきまえ」を表現するという意味でも効果的です。

例えば、飲み会で上司が冗談を言っているときには、敬語を少しくずすと思います。しかし話題が変わって今後の抱負を聞かれたら改まった敬語に戻す。話し方を一貫させることにこだわらず、必要だと思われるシーンでは敬語にするといった臨機応変な使い分けをすることで、社会人としてのマナーがあることも伝わります。

▽敬語とタメ口をあえて交ぜる調整テクニック

調整の基本では「場面」「話題」が変わったタイミングで丁寧さを変えました。

次にご紹介したいのは、同じ話題の中で、あえて「丁寧な敬語」と「くずした敬語」の両方を使う方法です。文法的におかしいと感じるかもしれませんが、これもよく見られる調整です。

（例）
「へぇー、それはすごいなぁ（普通体）。なかなかできることじゃないですよね（丁寧体）」
「私も××県出身なんです！（丁寧体）なんだか嬉しいなぁ（普通体）」

私たちは上下関係がない相手とも、まだ親しくないうちは丁寧な敬語で話します。親しくなっていくにつれて話し方は変わっていくわけですが、その移行段階には、このような話し方もよく見られるのです。

もし、相手がこのような話し方をしてきたときに敬語で返すと、相手に「失敗したかな」と思わせてしまうことにもなります。このようなタイミングでは、皆さんも敬語とカジュアルな話し方を交ぜて話すようにしてみてください。

普通体（タメ口）の中に、敬語表現を交ぜるという話し方もあります。例として、銀座のクラブでママがお客さんに使ったフレーズをご紹介しましょう。

（例）
「別荘には毎年ご家族と行かれるの？」
「えっ、私も行っていいの？　まぁ、奥様がそうおっしゃるなら行きたいけど」

これらの文を活字で読むと違和感があると思いますが、会話場面において親しく話したいという気持ちの中にも、相手のことを敬う気持ちをにじませることができるテクニックです。「友人として仲良くしていきたい間柄＋相手が少しだけ年上」といったケースなどで使うといいでしょう。

これまでご紹介したように、「場面」「話題」によって話し方を変えたり、同じ話題の中で丁寧さが違う話し方を交ぜたりというのは、決しておかしなことではありません。

「敬語をくずすタイミングが早かったかな」「ちょっと失敗したかな」と思った場合でも、焦らずに調整すれば挽回できます。それでも心配だという人は、敬語をくずしても自然に聞こえる、次項で紹介する2つの話題から始めるようにするといいでしょう。

▽敬語をくずしても自然に聞こえる「タイミング」と「話題」

「上司と部下」など目上対目下の会話では、「質問－応答」というパターンが一般的です。飲み会などカジュアルなシーンでも「最近、仕事はどう?」「はい、おかげさまで順調です」といったように、目上の人から質問されたことに答えるパターンが多いはずです。

これに対し、「普段あまり話をしない他の部署の人」など、上下関係はないものの親しくないために敬語を使いがちな相手との会話では、「質問－応答」のパターンを経て、お互いが「話題提供－話題提供」というパターンに移行していくのが一般的です。これは、質問で相手の情報を収集し、盛り上がる話題を見つけようという作戦を取る人が多いからだと言われています。

質問の代わりに「実は○○に住んでいて」「昔、サッカーをやっていたんですけど」といった自己開示をすることで、相手にも情報を出してもらおうとする人もいます。

いずれにしても、情報収集は会話の始まりから5～10分で減る傾向にあります（奥山, 2005）。敬語をくずすタイミングとしては、会話を始めてから10分以上経過してから、質問が減ってお互いが話題提供をするようになった頃を目安とするのがよいと思います。

敬語をはじめてくずすのにお勧めの話題は「共通点についての話」です。質問や自己開示をする中で共通点を見つけたら、その話で盛り上げるというのは比較的試しやすい方法と言えます。

よく知らない相手との話題として、出身地を選択することが多いという研究があります。しかし、出身地にはコンプレックスを持っている人もいます。盛り上げたいときには出身地など、自分の意思では変えられないことは避けたほうがよいでしょう。

安全策としては、趣味などある程度自分でコントロールできる事柄の中から共通点を探すのがお勧めです。そのためには、出身地、出身大学、子供の頃にやっていたスポーツといった過去の事柄よりも、現在の趣味、余暇の過ごし方など、自分でコントロールできる話題の中から、立ち入りすぎない程度に共通点を探すようにしましょう。

安全に話せそうな共通点が見つからない場合には、「相違点に興味を示す」という作戦に切り替えてもOKです。

（例）

「○○駅ですか。あの辺は行ったことがないんですが、ウチのほうとは違ってたくさん飲食店がありそうですね」

「へえ、登山ですか。あんなに大変そうなのに、やっぱり気持ちがいいんでしょうね。登山の楽しさというのは、やはり達成感ですか？」

相手が積極的に話したい話題であれば、質問と感想で応答して興味を示しましょう。積極的に話したい話題では、しばしばユーモア表現が出てきます。これも敬語をくずしてOKなサインですので、意識してみてください。

3章

ストレスなく敬語をくずす「7つのステップ」

1章では敬語のままで通してしまうデメリットと敬語をくずすことによるメリットについて解説しました。2章では「そうは言っても敬語をくずすのには抵抗がある」という人のために「敬語をくずしていいタイミングの見分け方」「敬語をくずしても敬意を示す方法」「なれなれしく思われないための部分的に敬語をくずす方法」を解説しました。3章では、いよいよ失礼なく敬語をくずすための具体的な方法を解説します。

この章でご紹介するテクニックの多くが、相手に「敬語をくずしたな」と気づかれないものです。テクニックと書くのはむしろ大げさな、誰にでもできる簡単な方法です。シンプルな方法を重ねていくだけなので、フランクに人と話すのがうまくないという人でも、今日からすぐにマネできます。

敬語を使って話しているのに、なんとなく会話をやわらかく感じさせることができる人たちは、どんなことをしているのか。丁寧な話し方のまま「かしこまった印象」だけを取りたい場面（STEP1）から、かなりくだけた話し方を交ぜたい場面（STEP7）まで、自然に敬語をくずすための7つのステップを見ていきましょう。

STEP1 丁寧な話し方のまま「かしこまった印象」だけを取る

実は、皆さんが普段使っている敬語での話し方も一種類だけではありません。例えば、天皇陛下とお話しする機会があったとしたら皆さんはどんな話し方をするでしょうか。イメージしにくければ、勤めている会社の社長と面談するシーン、取引先の重要なキーパーソンと話すシーン、なんなら結婚を申し込むために初めて相手のご両親に会いに行くシーンでも結構です。そんなときの話し方は、かしこまった印象を与える敬語を使うはずです。

では、ここで質問です。「話ができて嬉しい」という気持ちを、かしこまった敬語で表現するとしたら、皆さんはどんな言い方をしますか。具体的なフレーズを考えてから読み進めてください。

答え合わせをしましょう。

「お話ができて嬉しいです」とイメージした人はいるでしょうか。この言い回しも敬語ですが、最上級の丁寧さではありません。

私たちが、かしこまった印象を抱くポイントはいくつかあります。その1つが、漢字熟語です。かしこまった印象を与える丁寧な話し方をしたいときには、漢字熟語を使って言い換えられる部分があるかどうかを考えます。

「お話ができて嬉しい」の場合、「嬉しい」を「幸甚《こうじん》です」「感謝に堪《た》えません」などに言い換えることができます。もし、嬉しくなったのが美女とのデートや素晴らしい美術品を見せてもらったときであれば「眼福《がんぷく》です」という言い換えもできます。もし、部下の前で社長直々に褒められたというシーンであれば「面目躍如《めんもくやくじょ》を果たせました」といった言い換えも「嬉しい」の代わりに使えます。

▽堅苦しさを取り除くポイント――「漢字熟語」を減らす

この逆を考えると、敬語を使いつつも、かしこまった印象だけを取りたいときのポイントが見えてきます。ポイントの1つめは「漢字熟語」を減らすことです。具体例を見てみましょう。

（例）敬語の中で使われる「漢字熟語」と言い換え
拝見します→見ます
頂戴します→いただきます
参上します→行きます
拝聴いたしました→聞きました
弊社→私たちの会社

会話の具体例でも見ていきましょう。

（例）商談中に「資料は見てくれた？」と聞かれたとき
「はい、拝見しました。大変勉強になります」

かしこまった感じがしますが、ビジネスシーンにふさわしい回答の仕方だと思います。

（例）商談後に雑談をしているシーンで「バーベキューのときの写真、SNSに投稿したけど見てくれた？」といった質問をされた場合
「はい、見ました。景色もきれいに撮れていましたね」

敬語で丁寧に話していますが、距離を感じさせず、会話も続けやすい話し方です。

▽漢字熟語の言い換えが見つからないときには

硬さを感じさせる熟語をやさしく言い換えるのが難しい場合もあります。そんなときには、言い換えられない部分を省略するという方法があります。文脈に沿った会話をしているときには、これで十分乗りきれます。

（例）大型連休前に休暇について尋ねるとき
「御社の休暇は暦通りですか？」
↓「（御社を省略）休みはカレンダー通りですか？」

「御社」の言い換えが難しいので省略。「休暇」は「お休み」に変換し、さらに「お」を取って「休み」にしました。「暦」はよりカジュアルな感じがする「カレンダー」に言い換えています。採用面接のようなオフィシャルなシーンでは「御社の休暇」でよいと思いますが、取引先と商談が終わった後、雑談で大型連休について話すといったシーンでは、これくらいの丁寧さで十分です。

さて、ここで問題です。「座ってください」をより丁寧に伝えたいとき、皆さんはどう表現しますか。あるいは「遠慮してください」を丁寧にするときはどうでしょうか。

おそらく多くの人は「どうぞお座りください」「ご遠慮いただけますでしょうか」といった表現をすると思います。日本語には「お醤油」「お話」「ご連絡」など、「お」と「ご」をつけることで丁寧さをプラスできる言葉があります。

これも逆に考えると、敬語をくずすポイントになります。

▽堅苦しさを取り除くポイント――「お」と「ご」を取る

敬語で話しているときに、かしこまった感じを取り除くポイントの2つめは「お」と

「ご」を取ることです。具体例を見てみましょう。

(例)「お」と「ご」を取る
お話ししていいですか→話していいですか
お忙しいですか→忙しいですか
ご立派ですね→立派ですね

会話の例で見ていきましょう。

(例) 次回打ち合わせの予定を尋ねる
「来週の月曜日はお忙しいですか?」

ビジネスシーンにもふさわしいですし、プライベートでもよく使う表現だと思います。ここから「お」を取ると、少しだけ丁寧さを減らすことができます。

（例）先輩と食事の約束をしたいとき
「来週の月曜日は忙しいですか？」

ほんの少しだけカジュアルな感じがするのがおわかりいただけると思います。「たったこれだけ⁉」と思うかもしれませんが、相手に気づかれずに、少しだけ堅苦しい印象を取ることができるのがＳＴＥＰ１の特徴です。

▽堅苦しさを取り除くポイント——一文を少し短くする

３つめのポイントは会話の長さです。以下の２つの文を見比べてみてください。どちらが丁寧に感じるでしょうか。

（例）製品の不具合を直したときの会話
Ａ　これで大丈夫だと思います。もう一度試してみてください
Ｂ　これで大丈夫だと思います。お手数ですが、もう一度試していただけますでしょうか？

Bのほうが丁寧に感じると思います。もしかすると「Bはへりくだった感じがする」「Bは不具合の責任がこちらにあるように感じる」という人もいるかもしれません。もう一つ例を見てみましょう。

(例) 残業を依頼するとき
A ○○さん、今日、残業できますか？
B 大変申し訳ないのですが、○○さん、今日、残業お願いできますでしょうか？

これもBのほうが丁寧に感じると思います。「Aだと残業の大変さをあまり感じないけれど、Bだと大変そうに感じる」という人もいるかもしれません。

クッションになる前置きの言葉や、長めの敬語表現を使うと、かなり丁寧に聞こえます。

(例) クッションになる前置きの言葉例
恐れ入りますが

お手数ですが
恐縮ですが
僭越《せんえつ》ながら

堅苦しさを取り除きたいとき、へりくだった印象を与えたくないときには、これらを省くようにしましょう。長めの敬語表現は、言い換えて使います。会話例で見ていきましょう。

(例) 長めの敬語表現を短くする
「これが新製品でございます」

↓「これが新製品です」

「ご不明な点はございませんか?」

↓「不明な点はありませんか?」

「〇〇さんも召し上がってください」
↓「〇〇さんも食べてください」
「そろそろ、おいとまします」
↓「そろそろ、帰ります」
「私も見せていただいてよろしいでしょうか？」
↓「私も見ていいですか？」

だいぶ省略しているように見えるかもしれませんが、「です・ます調」を使った丁寧な話し方はくずしていないので、「あれっ？」と思われずにゆるめることができます。丁寧な話し方のまま堅苦しさを取りたいときに試してみてください。もう少しゆるめたい場合にはＳＴＥＰ２に進みます。

STEP2 さりげなく敬語をくずすサインを出す

仕事上の付き合いではあるけれど、やりとりが増え、少し距離が縮まってきたとき。敬語をくずすにはまだ早い段階だけれど、親しくなるつもりがあるという意思表示をしたいとき。そんな場合には、失礼にならない方法を使い、会話の雰囲気だけを和らげます。お互い「この人とは話せそうかな」と思っている段階でOKサインを出す役目もありますので、ここまでは積極的に取り入れるとよいでしょう。

▽敬語での会話に「タメ口のひとり言」を交える

相手とは、STEP1で解説した堅苦しさを取った敬語で丁寧に話します。そして、チャンスを見つけて、会話の中にひとり言を入れ込みます。このひとり言の部分だけ、敬語ではなく普通体（タメ口）にします。カジュアルな言い回しが入ることで、雰囲気をゆるめることができます。相手に向けて話す部分は敬語、カジュアルな部分は自分に向けたひとり言になりますので、大事な相手にも失礼にならない話し方です。例を見てみましょう。

（例）ひとり言を交ぜた会話

「本当に美味しい店なんです。〝なんて名前の店だったかな……〟。調べて後でメールします」

「そのリュックは、○○の新作ですか。〝俺も買っちゃおうかな〟。使いやすさはどうですか？」

ひとり言の部分をやや低めの小さな声で話すと、相手への発言でないことがよりわかりやすくなります。ひとり言部分で視線を外すというテクニックも、「あなたに向けての発言ではありません」ということを明確にしてくれるので試してみてください。

会話にカジュアルさをプラスしようとすると「なれなれしい」「生意気」などと感じられてしまうことがあります。しかし、この方法であれば相手には丁寧な話し方のままなので失礼なく会話の雰囲気を和ませることができます。相手に「この人とは話せそうだ」と思ってもらいやすくなる効果もあります。

▽「引用」を使ってさらに雰囲気を和ませる

ひとり言で雰囲気を和らげることができたら「引用部分をタメ口にする」というテクニックも使ってみましょう。丁寧な話し方のまま、くだけた雰囲気をプラスしていく3種類の引用をご紹介します。

1つめは「他の人が話した内容」の引用です。

(例)
「同窓会で田中先生に『おまえら、もういい加減にしろ!』って怒鳴られた話が出たのですが、田中先生はあんなに怒ったのを忘れていたみたいで」

引用も先ほどご紹介したひとり言と同様、目の前の相手に対して発話されたものではないので、失礼になりません。

他人が話したことだけでなく、自分の発言を引用するのもOKです。これが2つめの引用です。

(例)
「そのとき一緒にいたはずの親友も覚えていなかったので『えっ、みんな覚えてないの？もしかして覚えてるのは私だけ？』って思わず聞いてしまいました」

自分の発言でも、過去に言ったことの再現であれば敬語でなくても失礼にならないのがおわかりいただけたと思います。「自分の発言の引用」は、このあと本格的に敬語をくずしていく段階の準備運動にもなるので、特に意識してやっておくとよいでしょう。

3つめの引用は「過去の感情を説明する引用」です。

(例)
「正直、あの頃は空手が嫌になっていて『本当につらい。次の試合が終わったら絶対やめたい』って、いつも思っていたんです。タイミングを逃しているうちに、優勝してしまったというのが本当のところでして」

ＳＴＥＰ2の段階では、相手に伝わる程度に会話が和みますが、まだこの段階では相手に対する話し方はくずしていないので、ほとんどの関係性の人に使えます。

敬語の堅苦しさを取った後には、まずひとり言を入れます。その後は引用を入れ込む機会を探しながら会話をしましょう。3つの引用の中でも「自分の発言の引用」を十分にやっておくと、この先、より敬語をくずしやすくなります。

「この人とは親しくなれそうだろうか」と探っているのは相手も同じです。積極的に使って、安心してもらうのがお勧めです。

ＳＴＥＰ2では相手に対する話し方はくずさずに、ひとり言と引用だけをくずしました。話の流れの中で、場の雰囲気が和らいで、そろそろ相手への話し方もくずしていきたいというタイミングでＳＴＥＰ3に進みます。

STEP3 発言にカジュアル感をプラスする

ここまでは比較的安全で、どんなタイミングでも使いやすい方法をご紹介しました。Ｓ

TEP3からは、もう一歩進んで敬語をくずしていきたいときの方法を紹介していきます。

さて、ここで質問です。以下の会話を見て、Aの二人と、Bの二人ではどちらがより親しいでしょうか。

Aの二人組の会話

「最近、お忙しいですか?」

「ええ、やっぱり期末は忙しいです。今月は定時に帰った記憶がないです」

「それはちょっとおつらいんじゃないですか?」

「最初は大丈夫だったのですが、続くとさすがにキツいです」

Bの二人組の会話

「最近、忙しいですか?」

「ええ、やっぱり期末は忙しいですね。今月は定時に帰った記憶がないんですよ」

「それはちょっとつらいんじゃないですか?」

「最初は大丈夫だったのですが、続くとさすがにキツいですねぇ」

同じ内容ですが、AよりもBのほうが少しだけ親しい関係だと推測できるのではないでしょうか。STEP1で紹介した「お」を取るという言い方に加え、AとBでは終助詞が違っています。「終助詞ってなんだっけ?」という人は、「よ」と「ね」をつける話し方だと考えればOKです。

▽会話の文末を意識する

終助詞を使うというのは、ごくわずかな変化ですので、相手に対する敬語をくずす第一歩としてお勧めの方法です。具体例を見て、勘所をつかんでいきましょう。

(例)
「それが結構大変なんです」
↓「それが結構大変なんですよ」

「そういえば聞きました」

↓「そういえば聞きましたね」

このとき、語尾をほんの少しだけ長めにすると、よりカジュアルになります。伸ばすのは「よ」と「ね」だけにするのが基本です。頻度も少なめにします。会話の途中でも伸ばす話し方をする人がいますが、ビジネスの場面では印象が悪くなるので気をつけましょう。

(例) 頻繁に伸ばしすぎる
「本当に驚いたからだと思うんですけどぉ、資料を全部床に落としちゃったんですよー。そのせいで、余裕を持って出かけたのにギリギリになっちゃったんですよねー」

▽「短縮敬語」を使う

男性であれば、文末を短縮した表現を使っている人も多いのではないでしょうか。日本語には、敬語を使って敬意を表しながら、同時に相手に対して親しみを表現するのが難しいという特徴があります。短縮敬語は、この問題を解消するために、おもに先輩など親しみの持てる相手に使われている話し方です。

（例）短縮敬語
「いやあ、○○さんがわざわざ来てくれるなんて嬉しいっすね」
「本当にもらっていいんすか!?」

文末の短縮は、「ス体」「後輩口調」とも呼ばれています。敬意と親しみの両方を表現する機能だけでなく、軽さやノリの良さを伝える機能もあるため、ぞんざいな話し方と感じる人もいるようです（守田, 2021）。

インターネットに書き込まれた「〜っす」という話し方については、「丁寧語ではない」「知性や教養がない」「体育会系限定」などと評価する人たちが多かったのですが（中村, 2020）、現実場面では敬意を示す行動や表情とともに使われるため、不快に感じる人は少ないようです。

日常会話を集めたコーパス（会話のデータベースのようなもの）を作ってみると、短縮敬語はビジネスマンの会話にも多く登場することがわかります。「ありがとうございます」が「あざーす」に聞こえる短縮、「すごいんです」が「すごいっす」に聞こえる短縮など、仕事の話が終わって雑談になったとき、仕事相手と食事に行ったときなど、オフィシャル度が下がったシーンでの会話を意識して観察してみてください。普段は「正しい敬語を使うべき」だという考えの人でも、行動などで敬意を示しながら使われれば不快には感じないはずです。

▽短縮敬語を「ほどよく」使うコツ

短縮敬語の使用シーンを集めてみると、使う側が自分の立場や能力を控えめに見せているようなニュアンスを含むこともわかります。短縮敬語には、自分を低く見せることで相手を立てる効果も期待できます。これが、短縮敬語を後輩口調と呼ぶようになった背景でもあります。

敬語の意識調査によると、上下関係を重視したスタイルから、相互尊重を重視するというスタイルへ、敬語の大きな変化が見られています。正しい使い方でなくとも、先輩を立てるように聞こえる短縮敬語は、こういう意味でもマッチしているのでしょう。

私たちは、敬語からカジュアルな話し方へ移行する過程や、敬語を使うべきか判断がつかない場面などで、「ほどよい丁寧さ」を表現するための、正しくない敬語を使うことがあります。短縮敬語も、この一つのスタイルと考えることができます。

間違いともいえるカジュアルな敬語の使い方について、言語学者で東京外国語大学の名誉教授も務めた井上史雄先生は、敬語を服装にたとえて以下のように解説しています。

「正用・誤用の基準は時代によって変化した。場所により、人によっても違う。正用だけを使うのはよそゆきのみを着るようなものである。戦闘服としてとっておきの敬語を使いこなすのもよいだろう。普段着としてちょっとだけくだけた格好をしたかったら慣用とされる敬語を交ぜてもいい。ただし明らかに敬語を使うべき相手に敬語なしで話しかけたら場違いなまたは失礼な反則にあたるドレスコードが合わない服装である」（井上, 2017）

社会人として正しい敬語の使い方を身につけることは大切です。上下関係だけでなく相互尊重が重視されるようになった現代では、正しい敬語と同じくらい、「あえてくずした敬語」でその場に適した話し方をするのが大切なシーンもあります。「よ」「ね」といった終助詞や短縮敬語の使用には賛否がありますが、適した場では躊躇せずにトライしてみてはどうでしょうか。

STEP4 リアクション部分をゆるめる

ＳＴＥＰ４からは、リアクション部分を中心に、失礼にならないタメ口を増やしていきます。まず覚えてほしいのは「直接表出」と呼ばれるやり方です。具体例で見てみましょう。

(例) 直接表出
「うわっ、美味しい！　このケーキ本当に美味しいですね」
「すごい！　こんなの初めて見ました」
「やっぱりダメだったか！　せっかく声をかけてもらったのに、すみません」

感動したとき、驚いたとき、落胆したとき、嬉しかったときなど、思わず言葉が出てしまうことがあります。このような、相手に伝えるつもりのない、思わず出てしまった言葉が直接表出です。感嘆詞（タメ口）＋感想（敬語で）という公式を覚えておくと簡単にできます。敬語で丁寧に話していれば、感情部分をタメ口で入れても失礼には当たりません。もう少し具体例を見ておきましょう。

（例）感嘆詞（タメ口）＋感想（敬語で）
「うまい！ このコーヒーは本当に美味しいですね」
「なんと！ ○○さんとご一緒できないのが残念です」

自分の感情を表現するのは恥ずかしいと感じる人もいると思いますが、親しくなりたい相手の場合、ぜひ挑戦してみてください。相手も感情表出がしやすくなるなど、心の距離を縮める意味でもお勧めです。

▽目上の人に「さすが！」と言っても失礼に取られない方法

相手を褒めるときに「さすが」という言い方をする人は多いと思います。しかし、「さすが」は目上の人に使うと失礼に当たるという人もいて、間違った敬語の使い方、使われたくない敬語ランキングなどの特集でもよく取り上げられる言葉です。その理由は「褒めることは評価であり、目下の人が目上の人を褒めるのは失礼だから」というものです。

しらじらしく感じる人もいるそうですが、それは「さすが」という言葉から、同調やお世辞を連想するからかもしれません。いずれにしても「さすが」という褒め方に不快感を抱く人もいるということは知っておいたほうがよいでしょう。


ちなみに、目上の人に対して「さすが」と言いたいシーンでの正しい敬語は「感服いたしました」「感銘を受けました」などです。しかし、明らかな上下関係がある相手の場合はともかく、そうでない相手にこの言い方では硬すぎます。

そこでお勧めなのが、なぜそう思うのか「具体的な理由を付け加える」という方法です。失礼な印象を緩和する効果、お世辞と思われるのを防ぐ効果が期待できます。


（例）

「さすがだなぁ。課長の資料は根拠となる数字が入っていて説得力がありますよね。グラフも見やすくて、勉強になります！」

ポイントは「さすがだなぁ」の部分を、相手の顔を見ずに、小さな声で言うことです。これであれば、ひとり言の後に、思ったことを素直に伝える文になるので、目上の人を評価するというニュアンスを抑えられます。

具体的な理由を述べるというのは、誰かを褒めるときにもよく使われます。お世辞ではなく、心からそう思っていると感じてもらいたいときには、具体的な理由を2つ以上伝えてみてください。

これは「論旨を複数で支える」という、ロジカルシンキングの基本テクニックの応用です。私たちは、相手の主張を否定するとき、主張そのものではなく、主張を支える論旨（根拠や理由など）に目を向けます。ですので、論旨は複数で支えるのが基本とされています。褒められた人が「それほどでもないだろう」と一つの論旨を潰しても、もう一つあれば否定しにくくなります。

説得の手法を応用するという意味でも、ぜひやってみてほしいと思います。褒められたことについて「お世辞だろう」とその場で思っても、褒められた理由の部分は心に残り、時間が経つと受け入れやすくなるからです。

STEP5 敬語を避けて会話する

どの程度の丁寧さで話せばいいかを判断するとき、皆さんは何を基準に決めているでしょうか。社会的立場、年齢、知り合ってからの期間など、様々な要素があると思います。

相手との関係がある程度フラットな場合、どの程度まで丁寧に話すのかという判断に影響を与えるのは「相手の話し方」です。相手が硬い敬語で話してくると自分も同じ程度の硬さで返したくなりますし、相手がほどよい丁寧さで話してくると、自分もそのように反応してしまうものです。

そのため、遠慮して敬語で話し続けた場合、相手がこちらの丁寧さに影響され、距離が縮まりにくくなってしまうことがあります。ここまでのステップである程度カジュアルな敬語になっていますが、親しくなりたい相手の場合には、ぜひもう一歩踏み込んでいきたいところです。

しかし、急にタメ口を交ぜるのは難易度が高いと感じるでしょう。「自分は敬語をくずすのが苦手だ」と思っている人の多くが、「です・ます」をやめるという状況を想定して、苦手だと判断していると思います。

ＳＴＥＰ５では、そんな奥ゆかしい人にも使える文末の攻略法をご紹介します。

▽文末省略というテクニック

私たちは敬意表現の中でも、特に文末に敏感です。ここまでのステップで話し方をカジュアルにしていく土台はできましたが、「～ですよね」といった話し方を、急に「～だよね」と変えると違和感を抱かれやすいものです。

カジュアルな話し方へ移行する前に、文末の「です・ます」を使わない話し方を挟んで、急な変化を避けましょう。

「です・ます」を使わずに済ませたいときに使うのは、文末を「……」に変えるという方法です。例を見てみましょう。

(例) 文末の「です・ます」を「……」に変える
「鈴木さんは、普段お酒は何を飲むんですか」
↓「鈴木さんは、普段お酒は何を飲むの？」ではくずしすぎ。なので、

↓「鈴木さんは、普段お酒は何を……」

「来週も参加しますか?」
↓「来週は参加する?」ではなれなれしい。なので、
↓「来週の参加は……」

「魚は苦手なんです」
↓「魚は苦手なんだよ」では親しげすぎる。なので、
↓「魚は苦手で……」

文末の「です・ます」を取って、突然タメ口にするのは勇気がいります。しかし会話を最後まで言い切らないこの方法を使えば「です・ます」を自然に減らすことができます。

上下関係がない相手の場合、このテクニックを使えば、相手も丁寧さのレベルを下げた話し方をしやすくなります。こうなると相手との距離は一気に縮まります。

この話し方をしても、相手が硬い話し方をなかなかやめてくれない場合には、STEP

6に進みましょう。

STEP6 相手に敬語を使わせない話し方

相手にも「です・ます」で話すのをやめてほしいのに、相手は遠慮しているように見える。そんなときに使ってほしいテクニックをご紹介しましょう。

▽話者交代のタイミングを早める

敬語を使っておいたほうがいいのか。使わないほうがいいのか。決めかねて安全策として敬語を使っているように見える場合には、相手が「です・ます」を使わないで済むように会話を進めます。

相手の話し方をどのようにコントロールするんだろうと思うかもしれませんが、これは話者交代のタイミングを少し早めることで実現できます。

私たちは文節、声のトーン、息継ぎなどから発話の終わりを察知し、自分が話すタイミングを見計らっています。いつもであれば、相手がしっかり話しきってから自分が話し始めるのですが、相手の会話の「です・ます」を部分省略させたい場合には、早めに返事をすればいいのです。

（例）
「休みの日は、お料理とかするん……」
「もちろん！　こう見えて得意料理は煮物系で」

少し強引な気がするかもしれませんが「多少、食い気味のリアクション＝盛り上がりの表現」ですので、笑顔で楽しそうにやると意外に自然にできます。1～2回試すと、相手は自ら「です・ます」を減らしてくれるようになります。

なかなか話し方を変えてくれない場合には、こちらが「です・ます」を避けて「……」に変えるという話し方を何度かしてから、話者交代を早めてください。相手も同じように話しやすくなります。

異性と仲良くなりたいときや、「気を使って敬語で話さなくてもいいのに」と感じる相手がいる場合などにも使える便利な方法です。

STEP7 少しずつタメ口を交ぜていく

最後は、いよいよ親しく話す段階へ向けて最終調整に入ります。他者との関係性はデジタルのようにカチッと変わるのではなく、グラデーションのように変わります。

最後のステップでは、グラデーションのように変わる相手との関係性に合わせ、タメ口とほどよい敬語の間を行ったり来たりするイメージです。

会話が盛り上がったときに、少しずつタメ口を交ぜてみましょう。感嘆詞をきっかけに、STEP2で紹介したひとり言、STEP4で紹介した感情の直接表出を入れ込むようにするとスムーズにできます。

（例）ジムでよく一緒になる人との会話例

「では、また来週」

「それが来週は出張で……」

「えっ、そうなの？　再来週はいつも通り？　せっかくだから、また一緒にトレーニングできればと思って……」

「えっ、そうなの？」という驚きはひとり言にも分類できますが、「再来週は？」という部分は相手に向けた質問です。本来であればタメ口にすると不自然になってしまう部分ですが、「えっ、そうなの？」と驚いた流れで使用すると、「再来週は？」というフレーズがSTEP4の直接表出に近い印象になります。このようなケースでは、タメ口を交ぜても自然に聞こえやすいのです。「せっかくだから、また一緒にトレーニングできればと思って……」という部分は、STEP6でご紹介した文末を「……」に変えるやり方です。

もう一つ例を見て、勘所をつかんでいきましょう。

(例) 取引先の人とゴルフをしているとき
「あれっ、もしかしてチップインしちゃう？」
「わっ、入った！ やるなー。私もワンパットで入れないと」

盛り上がったはずみにカジュアルな話が交じってしまった印象であれば、ビジネス関係の人とも、この程度までは敬語をくずしてもよいでしょう。

▽迷ったときは「でしょう?」で逃げるワザも

「です・ます」は避けたいものの、文末を省略するのも難しい。なれなれしい話し方も、まだ使いたくない。そんなときは「〜でしょう?」で逃げられることがあります。「〜でしょう」は敬語ともタメ口とも受け取ることができる珍しい表現です。


(例)

「平日は残業、土曜日もほぼ出勤という日が多いでしょう? 妻には育児に協力しろって言われてますけど、なかなか時間が取れなくて……」

「この店、なかなかいいでしょう。意外にリーズナブルで、美味しくて……」

▽タイミングが早すぎたときの、敬語に引き戻すテクニック

カジュアルになりすぎた、タイミングが早すぎたと感じた場合には、また敬語を使って

丁寧度を上げればＯＫです。このときのコツは、話題の変わるタイミングで丁寧度を上げることです。


（例）

「ナイスショット！　すごい飛距離だな。私も体を鍛えようかな」

「下半身を鍛えるといいですよ」

「そういえば、田中さんはマラソンが趣味でしたね。先月、フルマラソンに挑戦したと聞きましたけど」

「はい、東京マラソンに当選しまして」


話し方を元の丁寧さに戻すタイミングとして、「そういえば」「ところで」「話は変わるんですが」といった枕詞《まくらことば》を覚えておくとよいでしょう。

同じ相手でも、話題によって会話の丁寧度が変わるということは日常的に見られます。くずしすぎたら戻せばいいので、相手の反応を見ながらチューニングをするようなイメージで取り組みましょう。

4章

この相手にはこうくずす！　タイプ別攻略法

前章では失礼なく敬語をくずすための具体的な方法を解説しました。

4章では、さらに一歩踏み込んで、相手タイプ別に話題や敬語をくずすポイントなどをより詳しく解説していきます。

距離を縮めたい相手はどのタイプ？ 簡易チェックテスト

ここでは相手を5タイプに分類して、タイプ別の敬語のくずし方を紹介していきます。

距離を縮めたい人はどのタイプか。直感で答えてみてください（新版TEGⅡ 東大式エゴグラム Ver.Ⅱの5タイプを参考に簡易チェックテストを筆者が制作）。

チェック1 何人かで意見をまとめるとき、どんな態度を取ると思いますか？

1. 大きな声でリーダーシップを取る
2. みんなの気持ちを大事にしてまとめようとする
3. 過去のデータや数字を交えて意見を言う

4．楽しそうな部分にだけ参加する
5．人の意見に従う

チェック2 川で溺れた自分の子を助けようとして自分が溺れてしまった人のニュースを見て、なんと言うと思いますか？

1．親は命を捨ててでも子供を助けようとするものだ
2．子供も親も可哀想
3．助けようとした親が亡くなるケースは多い
4．でも川遊びは楽しそう
5．周りの意見にうなずく

チェック3 よく使っている言葉はどれに近いですか？

1．「～すべきだ」など断言する言葉
2．「～だよね」など共感を確認する言葉
3．「なぜなら」など根拠に関する言葉

4.「俺（私）はね」など自分に関する言葉
5.「ですよね」など相手に合わせる言葉

チェック4 家族ドラマに配役するとしたら、どれが適役だと思いますか？

1. 頑固なお父さん（もしくは頑固なお母さん）
2. 優しいお母さん（もしくは優しいお父さん）
3. 論理的な兄（もしくは論理的な姉）
4. 自由奔放な末っ子
5. 周りの意見に流されがちな弟（もしくは流されがちな妹）

チェック5 どんな人に対して怒ると思いますか？

1. 責任感がなくルーズな人
2. 人の気持ちや関係性を大事にできない人
3. 感覚や感情だけで決めようとする人
4. つまらないことを押しつける人

5. 上司の決定や慣習と違うことをする人

距離を縮めたい相手は何番が多かったでしょうか。だいたいの見当がついたところで、具体的なタイプ別攻略法を見ていきましょう。

「1」が多い相手→主張が強めの「リーダー・バリキャリタイプ」の攻略法

一昔前は男性に多かったのですが、最近ではキャリア系の女性にも多いタイプです。このタイプの人には「厳しい人」「怖い人」という印象を抱くかもしれません。しかし懐に飛び込んできた人に対しては、面倒見がいい一面を見せてくれるタイプです。

・会話の傾向

基本的には、自分が話すのが好きな人です。傾聴《けいちょう》が大事ですが、ただ聞いているだけではなく、積極的に質問し、コンパクトにまとめた自分の意見を言うことも大切です。断定や決めつけも少なくないタイプなので、間違いに寛容になれるかどうかもポイント。キツく聞こえる言い回しの裏に見え隠れする人類愛や優しい部分を見つけましょう。

・共通点を見つけるポイント

このタイプの人は、責任感が強く、熱量が高い人が多いです。自分の人生を振り返り、責任感を持って取り組んだことはなんでしょうか？　熱い思いを持って取り組めることはなんでしょうか？　雑談で何か話題提供をしたほうがいいタイミングが来たら、ここで思い浮かべた話をしてみるといいでしょう。

「社会のため」「日本のため」といった取り組みも大好きですので、注目されている社会問題にも目を向け、自分なりの意見を持っておくのも大切です。同じ意見を持っている問題について話題になった場合には、自分の言葉で思いを語れるようにしておきましょう。

・お勧めの話題

相手が今取り組んでいること、過去に達成したこと、逆境を克服した話など、武勇伝系の話を聞きながら勉強させてもらうスタイルがいいでしょう。「(課題や悩みなど）自分の話をしてアドバイスをもらう」といった会話をしたくなる相手ですが、厳しいことを言う割には、精神論に終始してしまうことも予想されます。相手に自分の話をしてもらったほうが安全です。

「キミは今、どんな仕事をしているの？」といった質問がきた場合には、自分の話はあまり具体的にせず、「新規事業をやる部署でサポートをしています」などと短めに終わらせます。

そろそろ自分の話を終わりにしたいときは、

（例）
「新しいことに取り組むときには、どんなことに気をつけていましたか？」

といった質問をすれば、また聞き手に戻ることができます。

・雑談の始め方

「自己開示＋教えてください」から始めるのがよいでしょう。ただし、このタイプは自分の話をすることが好きな人が多いので、一般的な話題で、相手に話してもらえるような質問の仕方をしましょう。コツは具体的な質問にしないこと、体験ベースの質問をすることの2つです。

×例
「今、プログラミングの仕事で悩んでいるんですけど、何度も仕様変更を平気で依頼してくるような人には、どのように接したらいいですか？」

○例
「今、仕事で悩んでいるんですけど、○○さんは、問題にぶつかったときに、どんなふうに解決してきましたか？」

・敬語をくずすポイント

このタイプの人は大義のあることが大好きです。話を聞くとき、ちょっと意識すれば、意外に簡単に相手の「大義ある取り組み」を見つけることができます。

（例）日曜日は子供たちに野球を教えている

↓チームのために頑張る経験をさせているのは子供たちの未来のため、ひいては日本の未来のためになる

（例）部下に仕事のコツを教えた

↓ノウハウを属人化するのではなく、社内に共有し蓄積していくことは、会社にとって大きな財産になるだけでなく、社会のためにもなる

（例）コンビニでお釣りを募金箱に入れた

大きな金額でなくても寄付をする行動は大切で、寄付していることを話題にするというのも大事な取り組み。小さな積み重ねが世界を良くしていく力になる

このタイプの人には「大義ある取り組み」が敬語をくずすポイントです。感動や胸の高鳴りを隠さずに、率直な感想を伝えましょう。そのような場面であれば、上下関係にうるさいこのタイプの人でも、敬語をくずして大丈夫です。３章で紹介した直接表出のテク

ニックを使いましょう。具体例を見てみましょう。

・敬語をくずすお勧めフレーズ例
「うわーっ、感動するなぁ！　非常に意義のある取り組みだと思います！」

「これは素晴らしい！　日本の未来のために必要な一歩ですよね！」

「うわっ、それはキツイな！　そんなところから再起されたんですね！　周りの方も励みになったでしょうね」

「今日はこんな話が聞けて嬉しいなぁ」

「俺も頑張らなくちゃ」

・気をつける点
上下関係に厳しい人です。「うわーっ、感動するなぁ」などの直接表出を使う部分では視線を合わせないのがポイントです。手元を見てつぶやいた後、後半部分（例：非常に意義のある取り組みだと思います！）で視線を合わせるのがいいでしょう。

また、敬語以外の部分で敬意を表すことも重要な相手になりますので、２章で解説した

「敬語以外の部分で敬意を表すテクニック」を読み返してから臨みましょう。

「2」が多い相手→世話好きで気持ちを大事にする「共感タイプ」の攻略法

基本的には女性に多いのですが、後輩の面倒見がいい男性などにも当てはまるタイプです。このタイプの人には「優しい人」「面倒見のいい人」という印象を抱くかもしれません。どんな人でも受け入れてくれそうに見えますが、薄情な部分や人の気持ちを大切にできない部分を見せてしまうと思わぬ反感を買うことも。お礼や報告は忘れないようにしましょう。

・会話の傾向

相手に合わせて会話ができる人です。つい自分の話ばかりしてしまうタイプの人でも上手に扱ってくれますが、そのぶん注意が必要です。「わかりあうこと」「お互いが配慮しあうこと」を大事にしているので、空気を読みながら会話をするようにしましょう。相手と同じ意見である場合には積極的に共感を示すとうまくいきます。

・共通点を見つけるポイント

このタイプの人は、世話好きで、人とのつながりを大事にします。自分の人生を振り返り、誰かに世話を焼いたことはありませんか？　大事にしているつながりや関係性はありますか？　雑談で何か話題提供をしたほうがいいタイミングがきたら、ここで思い浮かべた話をしてみるといいでしょう。

人情を描いた映画や本の話なども好まれますので、話題になった映画や本は押さえておきましょう。「あれ、よかったよね」「あの場面は泣けたよね」といった共感で距離を縮めることができます。

・お勧めの話題

相手に話してもらって、共感を示せばいいと思いがちですが、聞き手に回るばかりではNGなのもこのタイプです。「心を開いてくれている」と思ってもらうことが大事なので、自分の話もしましょう。ただし、自分の話は雑談の中盤以降に少しずつ増やすのがポイント。話し好きな人というよりも、心を開いてくれたという印象になるのがベストだからです。

そのためには、前半では話しすぎないようにします。「○○さんの趣味はなんですか？」といった質問が来た場合でも、短めに答えて相手にも同じ質問を返すようにしましょう。

(例)
「アウトドアが好きです。××さんの趣味はなんですか？」など

話しすぎないようにしたいときには、短い答えの後に質問をすれば話者交代ができます。会話も続くのでお勧めです。

・雑談の始め方

「挨拶＋自己開示＋質問」から始めるのがいいでしょう。このタイプの人は、挨拶をしてくれた人を無視できません。また、感想などを伝えてくれた人には、自分も同じように話そうという気持ちが強く働くタイプです。受動的な面も持っているので、会話の最後を質問にして話しやすくしてあげてください。

（例）あまり親しくない職場の人とランチで一緒になったとき
「こんにちは。この店は、いつ来ても賑《にぎ》わってますね。僕はよく来るんですけど、この店にはよくいらっしゃるんですか？」

・**敬語をくずすポイント**

このタイプの人と距離を縮めたい場合には「共感」がポイントになります。好きなものが一緒、考え方が似ているなど、共感ポイントを探しながら会話を進めましょう。共感ポイントを見つけたいときには、見たままを口に出すという方法があります。

（例）
「今日は青いシャツなんですね」

こう言われた相手は「最近、暑いから爽やかな色を着ようと思って」など、返事をするときに理由について話す確率が高くなります。理由部分は、こだわり部分であることが多いので、ここに共感するといいでしょう。「私も暑い日は爽やかな色を選びたくなりますよ」「気温によって、着たい色って変わりますよね」「暑くても、気分くらいは爽やかでいたいですよね」など共感を伝えればＯＫです。

注意点は「青いシャツがお似合いですね」といった褒めにしないこと。褒められると「いいえ、そんな」といった謙遜、「そんなことないですよ、○○さんこそオシャレでいつも素敵だと思っています」といった褒め返しがくるだけなので共感ポイントがわからなくなってしまいます。

見たままを投げかけて見つけたこだわりポイントが、このタイプの相手に対して敬語をくずすポイントになります。

まずは3章で紹介した「よ」と「ね」を意識する話し方を使います。共通点に関する話が盛り上がったときには、3章で紹介した、リアクション部分をゆるめる方法と敬語を避ける方法も使ってみてください。人とのつながりを大事にする人なので「あなたでよかった」というニュアンスのフレーズも、敬語をくずすポイントと言えるでしょう。

具体例を見ていきましょう。

・敬語をくずすお勧めフレーズ例

「私も○○が好きなんですよ！　わかってくれる人がいて嬉しいなぁ」

「えーっ、○○に行ったんですか!?　すごい！　ということは、××にも……？」

「いやぁ、担当が○○さんでホントによかった！」

「○○さんとは、共通点が多いなぁ」

「こんな話ができるとは」

・気をつける点

このタイプには、相手に話を合わせるのがうまい人が多いもの。共感や盛り上がりが本心ではない可能性もあるので注意しましょう。そういった意味でも見たままを口にして、こだわりポイントを語ってもらうというプロセスは重要です。会話を進めるときにも、深掘りだけでなく、横方向に話を広げる質問をしながら、本当に興味のある話題を探るのがよいでしょう。共感ができれば、敬語をくずすことも、むしろ距離が縮まって嬉しいと感じてもらえる相手です。

「3」が多い相手→合理的で根拠にこだわる「戦略家タイプ」の攻略法

基本的には男性に多いタイプですが、キャリア系の女性にも当てはまる人は少なくありません。このタイプの人には「頭がいい」「冷たい」という印象を抱くかもしれません。論理的な思考ができないと話せないと思ってしまうかもしれませんが、人の意見をきちんと聞ける人にとっては怖い人ではありません。

・会話の傾向

論理的な思考ができる人です。普段の会話でも、事実、推測、感想を分けて話したり、「理由は3つあるんだけど」と先にポイントを示したりといった特徴が見られます。わかりやすく、正確に伝わる話し方は勉強になるところも多いでしょう。合理的な面もあるので少し冷たく感じるところもあるかもしれません。根拠や理由を聞かれても、他意はないことが多いので責められているように感じる必要はありません。

・共通点を見つけるポイント

このタイプの人は、事実や数字をベースに考えをまとめることが得意な人です。数字で考えてみて「なるほど」と思ったことはありませんか? 「なぜ、こうなるんだろう」と原因を知りたくなることや、「これは本当だろうか」と報道を疑うことはありませんか?

このような経験がある人は、このタイプと雑談するときにも共通点を見つけやすいと思います。自分が感情を重視するタイプでも、論理的に考える人に対するリスペクトがあれば大丈夫です。

感覚重視の人は、このタイプと話すときにはダラダラ話さず簡潔に終えるという会話スタイルだけでもマネてみるとよいでしょう。

・お勧めの話題

自分が得意な分野、よく知っている分野の話題がいいでしょう。このタイプの人は頭が良いので、本人にその気があればたいていの話題に参加することができます。表面的なコメントしかできないことよりも、ほんの少し深掘りできる話題を選ぶことで「合わないな」という印象を持たれないようにします。

わからないことについては、「後で調べてみます」と答えるのが正解です。わかったふりをして違うことを言ってしまうより、むしろ調べる姿勢を見せる人、周りに意見を求める人のほうが好まれます。自分がある程度わかっていることについても質問することがあるタイプなので、「たぶんこう思う」などと中途半端に返さないように気をつけましょう。

（例）
×「それは降水量が原因ですよ」
○「降水量が原因じゃないかと思うんだけど、調べてみます」

・雑談の始め方

挨拶などのやりとりが終わったタイミングで、「実は最近、○○に凝っていまして」と自分の話をしてしまっても大丈夫な相手です。興味がない話題でも、自分の興味ある切り口から質問することができる人です。

コツは質問されたときの回答に気をつけることです。的外れな回答に苛立《いらだ》つ人もいますので、まずは聞かれたことに対する回答を簡潔に伝え、追加したい情報はその後に付け加えるようにしましょう。

×例

「そのイベントは東京でしかやってないんですか？」

「もともとは大阪でやっていたイベントなんですけど、確か5年前かな、それくらいから名古屋でもやるようになったんですけど、そのときに入場できない人が続出してしまって、その後ですね……（中略）……という感じで今は東京だけです」

○例

「はい、今は東京だけです。以前は大阪や名古屋でも開催してたんですけどね」

・敬語をくずすポイント

このタイプの人は、思慮深い人や、自分の思慮深さを認めてくれる人が好きです。敬語をくずすポイントは、会話の中で少し深く考えてみる場面、相手の思慮深さが感じられるような場面がよいでしょう。自分が考えているときには3章で紹介したひとり言を交えるテクニックを、相手の言ったことに感心したときには、リアクション部分をゆるめるテクニック（92ページ）を使います。具体例を見てみましょう。

・**敬語をくずすお勧めフレーズ例**
「前に調べたことがあったなぁ……。あっ、確か○○でした！」

「Aがダメなのか……。ではCもおそらくダメですよね」

「さすがだなぁ！　一昨年の数字は知りませんでした」

「そういう切り口があるのか」

「後で調べてみよう」

・**気をつける点**
このタイプと話すときには、考えが浅い人だと思われないようにしたいところです。相手の言葉を噛みしめ、相槌《あいづち》やうなずきはいつもより少しゆっくりめにするのがよいでしょう。

理屈っぽいことが嫌いな人は、早めの段階で、相手への理解や尊敬があることを言葉にして伝えておくとよいでしょう。数字や理論が苦手なことは表情などの非言語コミュニケーションで伝わってしまいます。苦手なのは論理的な考え方であっても、論理的な主張をする人は、自分のことを嫌っているように感じてしまいやすいので気をつけましょう。

「4」が多い相手→気分屋で楽しいこと好きな「天真爛漫タイプ」の攻略法

若い人を思い浮かべるかもしれませんが、年配の人にも多いタイプです。このタイプの人には「わがまま」「気分屋」という印象を抱くかもしれません。しかし自分が興味のあることには真摯《しんし》に取り組むタイプです。天真爛漫で、楽しむ達人でもあります。なるべく明るく、楽しい雰囲気で話しかけてみましょう。

・会話の傾向

好き嫌いがはっきりしている人が多く、興味がある会話には積極的に参加しますが、興味のないときには表情や態度に出てしまいやすい人です。人の話を聞いていないように見えることもあるので、礼儀などに厳しい人にとっては、驚くこともあるかもしれません。基本的には楽しい話が好きな、天真爛漫タイプだと思っておくと理解しやすいでしょう。

・共通点を見つけるポイント

このタイプの人は、好きなこと、興味のあることがわかりやすい特徴があります。自分から興味のある話題をしてくることも多いので、相手の興味のあることから共通点を探すとよいでしょう。

興味関心がまったく違うという場合は態度の共通点を探します。あなたが面白いと熱中してしまうことはなんですか？ そのために、どれくらい時間やエネルギーをかけますか？ 態度や意見が似ているかどうかは好感度に影響を与えます。このタイプの人は特にその傾向がありますので、雑談のときには「面白い」「楽しい」といったキーワードを使うようにするとよいでしょう。

・お勧めの話題

面白い話題、楽しい話題を探しましょう。最も簡単なのは、相手が楽しめる話題で、聞き役に回ることです。笑う、驚く、感心するといったリアクションで話を盛り上げましょう。まったく理解できない分野の話をされて会話にならないような場合には、質問を使って一般的な会話に引き寄せればＯＫです。


（例）

「こんな珍しい取り組みをするようになったきっかけって、なんだったんですか？」

「○○をしていて、一番楽しいのはどんなときですか？」

「もしかして、これまでの人生で時間とお金を一番使ったのは○○ですか？」


おしゃべりな人も多いので、リアクションと質問を上手にしていると会話が長く続く相手でもあります。ほとんど自分がしゃべっているのに、「キミは話が面白い」「話が合う」といった感想を持ってくれることも少なくありません。

・雑談の始め方

一般的な雑談テーマに引っかけた質問から始めるのがよいでしょう。「面白い」「楽しい」「ハマっている」といったキーワードを使い、自分の感想から質問につなげるのがポイント。相手が話し始めたら、リアクションで盛り上げ、質問で会話をつなげましょう。

（例）

「今日も暗いニュースが多かったですね。最近、私の周りでは面白いことがあんまりないんですよね。○○さん、ここ半年くらいの間で一番面白かったことってなんですか？」

「今日もまた暑いですね。最近クラフトビールにハマってるんですけど、太ってきたのでそろそろ控えようかと思ってるんですよね。○○さん、最近ハマっていることってありますか？」

・敬語をくずすポイント

このタイプの人は面白いことが大好きです。会話ではリアクションを大きくし、たくさん笑いましょう。リアクション部分、特に笑ってしまうような場所が敬語をくずすポイントです。また、褒められるのも好きで、褒められると恥ずかしくなったり、謙遜しなくてはと考えたりしないタイプなので、ストレートに褒めましょう。褒め部分も敬語をくずすポイントになります。３章で紹介した直接表出だけでなく、普通体（タメ口）を交ぜるというテクニックも使ってみてください。具体例を見てみましょう。

・敬語をくずすお勧めフレーズ例
「爆笑！　それ、ホントおかしいから！」

「すごい！　普通そこまではできないけどなぁ」

「うわーっ！　さすがに、そんな人は周りにいなかった（笑）」

「笑いすぎて、腹筋痛い」

「面白すぎだし」

・気をつける点
普通体（タメ口）を交ぜ始めるときに、なるべく相手不在会話に近いものを選ぶとよいでしょう。


（例）

面白すぎだよ（相手のある会話）→面白すぎだし（中間）→面白すぎ！（相手不在会話）

違和感を抱かせないコツは、そこで会話を終わらせないことです。「面白すぎだし」などタメ口を交ぜた後は、質問を付け加えて、すぐに会話を前に進めましょう。

（例）
「面白すぎだし。それで周りの人は、そのときなんて言ったんですか？」

質問で会話を進めて違和感をマイルドにするテクニックは、褒めた相手が気まずそうにしているとき、自分が照れるようなことを言ってしまったときにも応用できます。
敬語をくずすことには寛容なタイプですが、軽んじられることを嫌うので、敬語がゆるんでいるときほど、褒めを入れる、尊敬していることを言葉にして伝えるということを心掛けてください。

「5」が多い相手→指示や慣習に従いたい「優等生タイプ」の攻略法

このタイプの人には「従順」「常識的」という印象を抱くかもしれません。話をしても楽しくないんじゃないかと感じる人もいると思いますが、実際に話してみると意外に面白い部分があったり、クセが強い部分があったりするのがこのタイプです。

・**会話の傾向**

親しくないうちは天気の話、時事ネタなど、どこにでもある無難な会話が多い人です。受け答えも常識的なので、会話が自然に盛り上がるということもありません。とはいえ、人嫌いというわけではありません。自己開示をして自分の話をある程度先にすれば、同程度のプライベートな話もしてくれます。少しずつ時間をかけて会話を深めていくとよいでしょう。

・**共通点を見つけるポイント**

このタイプの人は、上司の指示、これまでのやり方、一般的なルールなどを大事にするタイプで、自ら新しいやり方にチャレンジすることは少ないようです。自分の中で文化や慣習を大事にしている部分はありますか？　自分で決めるよりも、人に決めてもらったほうが楽な部分はありますか？　雑談で何か話題提供をしたほうがいいタイミングがきたら、ここで思い浮かべた話をしてみるといいでしょう。

「公平さ」を大事にしている人です。時事問題などで意見を求められた場合には、ルールの遵守《じゅんしゅ》や公平性をキーワードにするとよいでしょう。

・お勧めの話題

天気、食べ物、健康、趣味など、いわゆる一般的な雑談ネタから始めるのがお勧めです。収入や立場などの差に敏感なので、そういった差がある場合には、それを感じさせないように気をつけるとよいでしょう。上の人に従順なぶん、下の人にもそうであることを求める傾向がありますので、同じ立場であると感じてもらえる話題もお勧めです。

(例)
「いやぁ、サラリーマンはつらいですよね。上の言うことも聞かなければいけないし、下の意見も汲《く》まないといけないし。先日、ちょっと大変なことがありまして……」

ちょっとした失敗談など、自分に関する話を先にすることで、相手も一歩踏み込んだ話をしてくれます。安心感を持ってもらえる程度の失敗談を用意しておくとよいでしょう。

・雑談の始め方

「挨拶＋一言」から始めるのがよいでしょう。雑談も、ごく一般的な話題で短くすることから始めるのが、警戒されないコツです。回数を重ねていくうちに少しずつ自己開示を増やし、徐々に距離を縮めていきます。

（例）
「○○さん、お疲れさまです。外はまだ暑そうですよね。まぁ、ビールが美味しいから我慢しますけど。じゃあ、また明日」

一回で距離を縮めたい場合には、「こんな共通点があるあなたは特別だ」というサインを出すなど、誰にでも親しく話すわけではないということを伝えます。

（例）
「こんなに気が合う人が会社にいるとは思いませんでした！　なんだか今日は嬉しくて。しゃべりすぎてしまってすみません」

・敬語をくずすポイント

このタイプの人は保守的な話に安心感を抱きます。保守的な意見が合った部分のリアクションで敬語をくずすことから始めましょう。国民対政治家、サラリーマン対経営者といった枠組みで、仮想敵を作るのもよいでしょう。そのような場面であれば、このタイプの人も自分から意見を言いやすいので、共感できる部分があれば大いに盛り上げましょう。3章で紹介したひとり言と、敬語を避けるテクニックを使っていくのがお勧めです。具体例を見てみましょう。

・敬語をくずすお勧めフレーズ例

「名前、なんだったかな……えーと、○○。いやホント、人相の悪い政治家って多いですよね」

「えっ、それは大変でしたね。結局、後任の人は……（＊「後任の人は決まったんですか？」の後半部分を割愛）」

「信じられない話ですね。で、その後、先方からの連絡は……（＊「先方からの連絡はないんですか？」の後半部分を割愛）

「経営者はいいなぁ」
「国民は従うしかないか」

・気をつける点

常識的で礼儀正しさもある人なので、急に敬語をくずすと「下に見られている」と感じてしまう人もいます。2章で解説した敬語以外の部分で敬意を伝えるテクニックを使うほか、同じ立場であることが伝わるようにしましょう。

相手が敬語をくずしてきたポイントでは、こちらも敬語をくずさないと、気まずい思いをさせてしまいます。雰囲気が和んでいるときは、相手がまた丁寧な話し方に戻すまで、カジュアルな雰囲気で話すようにするのがよいでしょう。

人の性格は複雑です。誰もがどれか1つのタイプにきっちり当てはまるとは限りません。2つのタイプが組み合わさっていることもあります。

ただ、強く出ているタイプを知っておくことで、何も知らずに勘だけで話し方を変えるときに比べ、スムーズに丁寧さを変えることができるはずです。

5章

シチュエーション別！敬語のくずし方実例集

初めて会う人や、職場は一緒でも接点がなかった人など、相手のタイプが推測できない場合もあります。また、慣れないうちは、どんな話題のときに敬語をくずしたらいいのか迷う人もいるでしょう。この章では、よくあるシチュエーション別の、相手タイプに関係なく使える「フレーズの具体例」を見ていきましょう。具体例をいくつも見ていくうちに、敬語をくずすポイントがつかめるようになります（★が多いほどくずしやすい状況）。

CASE1 上司や取引先とランチ

関係性　★☆☆　敬語をくずしすぎないようにする相手
場面　★★☆　会議や商談よりはオフィシャル度は低い
話題　★☆☆　当たりさわりのない話題で個人的な話をしあう

一緒に食べるという行為は、心の距離を縮める効果が期待できます。ただし、ランチは飲み会とは違い、短時間であり、じっくり話をするというところまではいきません。会話は仕事の関連の話から、天気など当たりさわりのない話題になり、個人的な話をしあう機会も多少は交じることがあるでしょう。

仕事関係の人とはメリハリをつけた話し方が大事ですので、敬語をくずすのは、天気の話など雑談に入った後で十分です。慣れていないうちは、個人的な話題に変わるタイミングまで待つのがお勧めです。

タイミングを待たずに雰囲気を和らげたいときには、共通体験である店、メニュー、食べ物などの話題で、自分についてのことを話せばＯＫ。お返しの気持ちが働くので、相手も自分の話をしてくれる確率が上がります。「①ひとり言で場の雰囲気をゆるめる＋②『〜よね』を使った自己開示＋③ゆるめポイントを引き出す質問」の公式を使うと自然です。

具体例を見ていきましょう。

(例)

「おっ、今日の日替わりはカレーか（**①ひとり言ゆるめ**）。昔からカレーが大好きで、今でも目がないんですよね（**②「よね」を使った自己開示**）。子供の頃はカレーの日はお代わりをしすぎて、畳の上で引っくり返ってました。○○さんは何がお好きですか？（**③ゆるめポイン**

ト を引き出す質問）」

（例）
「パスタと生姜焼き、迷うなぁ（①ひとり言ゆるめ）。実は最近、太ってしまって、糖質を気にしてるんですよね（②「よね」を使った自己開示）。××課長はスタイルがいいですけど、何か運動されているんですか？（③ゆるめポイントを引き出す質問）」

次に、相手が自分の話をしてくれたとき、リアクションをしながら敬語をくずす方法を見てみましょう。ここで使う公式は「①『ね』を使った共通確認＋②同意してもらいやすい『よね』＋③理由の文末回避」です。

（例）「やっぱりヒレより、サーロインがいいなぁ」と言われたときのリアクション
「山田さんもサーロイン派なんですね（①「ね」を使った共通確認ゆるめ）。脂が美味しいですよね（②同意してもらいやすい「よね」ゆるめ）、肉を食べてるって感じが（③理由を文末回避ゆるめ）」

（例）「ここの蕎麦は旨いね」と言われたときのリアクション
「坂本課長も蕎麦好きなんですね（①「ね」を使った共通確認ゆるめ）。この蕎麦は本格的ですよね（②同意してもらいやすい「よね」ゆるめ）、蕎麦の香りが（③理由を文末回避ゆるめ）」

共通点、仲間意識などをほんの少し交えたいときに便利です。図々しさを感じられたくない相手にも使えます。

これらの例だけを見ると、「上司や取引先相手だとくずしすぎでは？」と思うかもしれませんが、２章で紹介した「うなずき」「座り位置」「行動」「会話量バランス」など言葉以外で敬意を表す方法を使ってバランスを取れば問題はありません。別れ際に丁寧に頭を下げて締めくくれば、メリハリがついて、むしろ礼儀正しい人という印象を残すこともできます。

（別れ際の挨拶の例）
「今日はお忙しい中、お時間をいただきありがとうございました。ご一緒できてよかったです。引き続き、どうぞよろしくお願いいたします（一礼）」

より丁寧さを表現したいときには、頭を下げている時間だけでなく、頭を上げるときのスピードをゆっくりにしてください。

CASE2 上司や取引先との飲み会

関係性 ★☆☆ 敬語をくずしすぎないようにする相手
場面 ★★☆ 普段よりもくだけた雰囲気になりやすい
話題 ★★☆ 仕事関連だけでなくプライベートの話題も出やすい

飲み会の場合、ランチと比べて時間が長いですし、お酒も入ります。仕事の話だけでなく、プライベートな話題が交わされやすい環境は、敬語をくずしやすいシーンと言えるでしょう。自己開示は大事ですし、個人的な質問もされると思いますが、質問に答えるときは「余計なことは話さない」「印象を考えて言葉を選ぶ」という2点に気をつけましょう。

まずは、敬語をくずしているときに、ついやってしまいがちな答え方を見てみましょう。

（質問に答えるときのＮＧ例）
質問「○○君は、まだ独身だったね。普段、週末は何をしてるの？」
×「特にやることもないのでダラダラ寝て過ごしています」
○「月曜からの仕事に備えて休息を取っていることが多いです」

敬語をくずしていると、いわゆる「ぶっちゃけた回答」をしがちです。質問に無防備に答えると、言葉の持つ印象のせいで悪いイメージを持たれてしまうこともあります。くずした敬語で話すときにも、印象に気をつけた回答をしましょう。

また、飲み会では「無礼講で」と言われることがあります。その場合には「普段よりプライベートな話も聞ける会」程度に認識し、敬語はいつもより少しくずして、そのぶん敬意を態度で示すようにします。全体の丁寧さは変えないのがポイントです。

飲み会では自分のことを話すよりも、聞き手に回って敬語をくずすのがよいでしょう。「①繰り返し＋②ひとり言＋③ぼかした質問」という公式を覚えておくと便利です。繰り返しとは、相手の話した言葉の一部を繰り返すことを指します。ぼかした質問とは、具体的にしか答えられない質問ではなく、言いたくない場合には曖昧さを残して答えられる質問のことです。例を見てみましょう。

(ぼかした質問の例)

「先月、有名フレンチに行ったんだけど、そこがホームページとは全然違っていてさ」

「有名フレンチですか(**繰り返し**)。どこですか(**ぼかさない質問**)?」→「有名フレンチですか(**繰り返し**)。どのあたりの店ですか(**ぼかした質問**)?」

「仕事ばかりで、趣味はないんですよ。仕事が趣味みたいなもんだね」

「お仕事が趣味なんですね(**繰り返し**)。お仕事は何をしているんですか?(**ぼかさない質問**)」

↓「お仕事は何系ですか?(**ぼかした質問**)」

続いて「①繰り返し+②ひとり言ゆるめ+③ぼかしを入れた質問」の例を見ていきましょう。

(聞き手に回って敬語をくずす例)

「フルマラソンだなんてすごいなぁ（**①繰り返し＋②ひとり言ゆるめ**）。僕は運動が苦手なので本当に尊敬します。練習はだいたいどれくらい必要なんでしょうか？（**③ぼかしを入れた質問**）」

質問は会話が続きますし、興味を持っていることも伝わるのですが、あまり具体的な質問をしすぎると取り調べのようになってしまいます。「週に何回練習していますか？」といった具体的な質問ではなく、飲み会では少し「ぼかし」が入った質問にすることを習慣にしましょう。予算の質問なら「だいたいどれくらい」「ざっくり、どれくらい」、場所の質問なら「どのあたり」といった聞き方を覚えておくと便利です。

（具体的な質問の例）
相手「夫婦で温泉旅行に行くのが趣味なんだよ」
×「温泉ですか。素敵な趣味ですね。これまでで一番良かった宿はどこですか？」

言いたい宿がある場合は喜ばれますが、言いたくないケースや忘れてしまったケースなどでは、相手が気まずい思いをすることもあります。ぼかしを入れた質問を見てみましょう。

（ぼかしを入れた質問の例）
○「温泉ですか、素敵な趣味だなぁ。これまでで一番良かったのは、どのあたりですか？」

この聞き方であれば、言いたくない場合には「東北です」など、ざっくりと地方を答えることもできます。自慢したい高級旅館などに行ったことがある人などは、具体的に答えて感想を付け加えることもできます。

質問に答えてもらった後に「参考になりました」と言う人がいますが、この言い回しは使わないようにしましょう。どちらかというと失礼な言い回しですし、「参考にしかならないのか」と受け止めてしまう人もいます。使ってほしいのは「勉強になりました」というフレーズです。様々なシーンで使えるので、口癖にしておきましょう。

飲み会でくだけた印象にしすぎないポイントはランチのときと同様です。言葉以外の「うなずき」「座り位置」「行動」「会話量バランス」などで敬意を示しながら話し、別れ際の挨拶を丁寧にしてメリハリをつけましょう。

CASE3 同僚との飲み会

関係性 ★★★ 敬語をくずして話しておきたい相手
場面 ★★☆ 普段よりもくだけた雰囲気になりやすい
話題 ★★★ 仕事の話題もあるがプライベートな話題も多くなる

同僚との飲み会は、上司や取引先との飲み会に比べるとかなりカジュアルな雰囲気です。普段話すことのない人とは敬語で会話が始まりますが、共通の話題などで盛り上がるにつれ、自然と敬語がくずされていくことが多いでしょう。注意したいのは自分だけ硬い敬語で通してしまうことです。相手が丁寧さをゆるめてきたら、自分も同じ程度ゆるめるようにしましょう。急にタメ口を交ぜるのは無理だと感じる人は、相手の敬語をくずした発言に「①敬語で答える＋②ひとり言でタメ口」という公式を覚えておきましょう。

（相手に合わせて敬語をくずしていく例）
「会社の向かいの中華、店は汚いけど、本当に美味しいから！ 八宝菜好きなら、絶対行ってください。なんなら明日行って！」
「そんなにお勧めなんですね（①敬語で答える）。行ってみようかな（②ひとり言でタメ口）」

タメ口を交ぜるのが苦手だからといって、「はい、今度行ってみようと思います」といった返し方をしていると、相手は距離を置かれているように感じてしまうこともあります。ひとり言風のフレーズを意識して入れるようにするとよいでしょう。

同僚との飲み会では、自分が同意できる意見には、積極的に加わるのが基本です。しかし、人の悪口などネガティブな内容には注意が必要です。上司、会社など仮想敵を作ることで団結が強まると主張する人もいますが、後で「あの人も悪口を言っていた」と言われるリスクを考えると避けたほうが無難です。

悪口で同意を求められそうになった場合にはトイレに立って、物理的距離をあけるのがよいでしょう。戻ってきたときに、少し丁寧な敬語での話し方に戻しましょう。

（丁寧な話し方に戻す例）
「トイレに行くとき見たんですけど、この店は若いお客さんが多いんですね。近くに大学があるからでしょうか？」

丁寧な敬語を使うことで心理的距離を感じてもらうことができます。「おまえもそう思うだろう？」といった同調圧力をかけられたときや、「同期なんだから頼むよ」といった無理な依頼をされたときなどにも使えるテクニックです。会社では同僚とも敬語ベースで話しておくと、ゆるめた敬語でくだけた会話も可能ですし、必要に応じて距離を取ることもできるというメリットがあります。

CASE4 会議の後の雑談

関係性 ☆☆☆ 上下関係を特に認識しやすい
場面 ★☆☆ 緊張がゆるむ場面ではある
話題 ★☆☆ 会議後の話題は無難なものが多い

会議が終わった後、上司や先輩と部署に一緒に戻るといったケースでは、無理に敬語をくずさなくてもOKです。緊張がゆるむ場面ではあるものの、立場を認識しやすいタイミングでもある会議の直後だと、関係性を重んじた丁寧な敬語で話すほうが自然なこともあります。会議後、どんな発言をしているか注目している人もいるので、意見を言うような発言もしないほうが無難でしょう。

とはいえ、黙って歩くより「わだかまりはありません」といった意思表示くらいはしておきたいところです。当たりさわりのない発言で雰囲気を和ませておきましょう。敬語をくずすというより、ニュートラルな感情であることをわかってもらえばよいので、「①冒頭をひとり言で始める＋②天気の話で同意を求める」という公式で十分です。これだけですが、丁寧な敬語を使いつつも雰囲気だけやわらかくすることができます。

（例）
「うわっ、寒いなぁ（**①冒頭はひとり言風にカジュアルに話す**）。会議室は暖かかったですけど、廊下に出るとやっぱり寒いですね（**②天気の話で同意を求める**）」

（例）
「外の空気はいいなぁ（**①冒頭はひとり言風にする**）。なんとなく春らしくなってきましたね

「（②天気の話で同意を求める）」

無理に話を盛り上げる必要のないシーンでも、自分から一言、天気の話題を振っておくことで、場の空気をマイナスにせず、ニュートラルに保つことができます。この程度の発言であれば、相手も同意するだけでいいので苦になりません。いつでも話をする準備があるということを、周囲の人に知らせる効果もあります。

積極的に話さなくてもいいシーンでは、丁寧な敬語のままにしている人も多いかもしれません。しかし、言葉が少ないシーンで丁寧な敬語だけを使うと、物怖《ものお》じしているように見えてしまうことがあります。会社では物怖じしていないように見られたほうが得をするケースも少なくないので、ひとり言からの天気の話は、処世術として覚えておくと便利です。

CASE5 取引先で雑談

関係性 ☆☆☆ 敬語をくずしすぎないようにする相手
場面 ★☆☆ 商談後の雑談は敬語をくずすポイント
話題 ★☆☆ 一般的な話題を「自分らしい言葉」で

取引先の担当者とは、丁寧な敬語で話す機会のほうが多くなります。いきなり商談に入るよりも、ちょっとした雑談をしてから始めるほうがスムーズでしょう。何を話したらいいかわからないという人もいますが、商談前の雑談は、時間で言うなら1分以内でOK。話の中身はむしろどうでもいいくらいです。笑顔を見せるという非言語コミュニケーションは敬語をくずすのと同じ効果があります。

初めての訪問であれば相手の会社の立地などを褒める、二度目以降であれば、駅からの道のりについてポジティブな感想を言うなどでいいでしょう。敬語をくずすポイントは「①『ね』『よね』を使うこと+②笑顔を見せる」です。

（商談前の雑談例）

「このビルは本当に駅から近いですね（①「ね」を使う）。おかげさまで迷わずに来られました（②笑顔）」

「この辺は素敵なお店がたくさんありますよね（①「ね」を使う）。今日も駅からの道が楽しみでした（②笑顔）」


短い一言と笑顔だけで大丈夫かと心配になるかもしれませんが、商談相手が「雑談は無駄だ」と考える人でも、この程度であれば気にならない安全な作戦です。相手が雑談を大切にしている人であれば、会社の立地や周りにある店などについて話してくれるかもしれません。

別れ際の雑談はもう少し頑張りたいポイントです。商談後の雑談では、時間を取ってもらったお礼や天気について、当たりさわりのないフレーズを使う人が多いのですが、これは少し残念です。コンビニエンスストアで「ありがとうございました。またお越しくださいませ」と言われても印象に残らないように、ビジネスシーンの典型的な会話は心に残りません。

心に届く雑談にしたいのであれば、相手に関する話を入れ込むのがお勧め。「相手の名前を会話に入れる」と決めておけば、思ったより簡単にできます。

「名前を入れるくらいでたいした違いはないだろう」と思うかもしれませんが、人間は自分の話には敏感な生き物です。パーティのように大勢がいる場でも、自分に関するキーワードだと耳に入りやすくなることを「カクテルパーティ効果」と言います。自分の話であればつい耳を傾けてしまうのが私たち人間の習性です。商談後、ごく当たり前の挨拶と流されてしまうような場面でも、自分に関する発言をされると、急に話題への注目度が上がるのです。

ここで敬語をくずすことで、社交辞令だけでない話と思われやすくなります。「①ひとり言風の感想＋②相手の名前＋③文末回避＋④よね」を使い、十分に本音感を表現してから、締めにメリハリをつける意味で通常の硬い挨拶を付け加えましょう。

（例）

「今日は勉強になったなぁ（**①ひとり言風の感想**）。山田さんの『新しいものは慣れるまでに時間がかかるので抵抗がある』という感想でハッとさせられました（**②名前を入れて話す**）。ついついメリットばかりに目が行ってしまうので、実際に使う人の声というのは貴重だなと……（**③文末回避**）。忌憚《きたん》なく本音を言ってもらえる機会は、そう多くないんですよね（**④「よね」でゆるめる**）。担当してくださったのが山田さんでよかったです（**②名前を入れて話す**）。

また改善しましたら、ぜひ意見を聞かせてください。今日はお忙しい中、お時間を取っていただき、ありがとうございました」

ビジネストークでないことを伝えたいシーンですので、くずしすぎかなと思うくらいでもOKです。相手の名前もできるだけ入れましょう。別れ際の「今日はお忙しい中、お時間を取っていただき、ありがとうございました」という定型フレーズのときには、丁寧にお辞儀をするとメリハリがつきます。雑談のときに多少敬語をくずしすぎた場合でも、丁寧なお辞儀で締めれば失礼な人という印象を持たれるリスクを減らせます。

CASE6 職場の異性

関係性 ★★☆ 敬語をくずしても意外に不快とは思われにくい
場面 ★☆☆ 職場のため雑談は短いものが主
話題 ★☆☆ 当たりさわりのない話

職場の異性は、敬語をくずしても不快に思われにくい相手です。共通点に関する話題、自分の興味のある話題など、盛り上がりやすいトピックのタイミングでは遠慮なく敬語をくずしてみてください。仕事中は短い会話が多いと思いますので「①ね＋ひとり言風の感想」でくずす方法が使いやすいでしょう。

（例）
「わっ、会社の前にできた店のテイクアウトですね！（①「ね」をつける）美味しそうだなぁ。俺も買おうかなぁ（②ひとり言風の感想）」

雑談のときはあえてゆるめに、仕事の話のときは丁寧な敬語に戻すようにしておけば、多少くずしすぎてしまっても失礼な人だとは思われにくくなります。注意するのは、敬語の丁寧さよりも、話の内容です。昔はＯＫだった発言が、ハラスメントだと解釈されてしまうものもあります。年齢、性別、家族構成、教育、性的指向、外見、趣味、出身地、体格、勤務形態などについての発言には気をつけましょう。

（余計な一言の例）

「30歳の大台に乗ったんなら真剣に婚活したほうがいいよ」「美形なのにゲイなんてもったいない」「美人は得だよなぁ」「太っていると自己管理ができない人だと思われるよ」「パートは気楽でいいよね」「女性は～だよね」「男のくせに」など

良かれと思ってやりがちな「外見を褒める」という行為も、実は難易度が高い会話になります。褒めているつもりがセクハラになってしまうというケースがありますし、外見を褒めることが能力を低く評価しているように聞こえてしまうこともあるので気をつけましょう。

〈誤解されやすい例〉
「山本さんはスタイルがいいね」
「美人は契約が取れていいなぁ」など

外見については触れないようにするのが無難ですが、褒めるときには、内面と絡めてリスペクトしているという気持ちを伝えるようにしましょう。

（例）
「規則正しい生活をしているからスタイルを維持できるんでしょうね」
「美しいのに仕事もできて羨ましいな」など

CASE7 友人に紹介された人

関係性 ★★☆ 親しくなりやすい要素あり
場面 ★★☆ 自分を知ってもらう場面
話題 ★★☆ 紹介意図に沿った話題

「2人はなんとなく合いそうだから」と同性の友人を紹介されるケース、恋愛対象としてさりげなく異性の友人を紹介されるケース、結婚式やバーベキューで一緒になるケースなど、友人を介して初めて会う人たちがいます。

私たち日本人は基本的に初対面の相手には敬語を使いますが、丁寧に話すと相手も丁寧に返すので、ぎこちなくなりがちです。友人から紹介された人は、異性・同性関係なく、敬語でも少しカジュアルな話し方でスタートするのがお勧めです。

相手にリラックスしてもらいやすいファーストコンタクトとしては、「①挨拶のときに少しだけ語尾を伸ばす＋②笑顔を見せる」がお勧めです。「よろしく」などタメ口を交ぜられるような相手であれば、やってみてもOKです。

（例）
△「初めまして。佐藤の友人の佐々木です。今日はよろしくお願いします」
○「こんにちはー（**①少しだけ語尾を伸ばす**）。佐藤の友達の佐々木です。よろしく（**②笑顔**）」

カジュアルに話すと、相手も話し方を合わせてくるので仲良くなりやすいというメリットがあります。友達の紹介というシーンでは、自己開示をしながら敬語をくずすやり方がピッタリです。自分の話をするのが得意でない人も、共通の友人との関係性から入ると、さりげなく自己紹介ができるのでやってみてください。

このとき、「①よね＋②回想タメ口＋③文末回避＋④ひとり言タメ口」など、敬語をくずすテクニックをどんどん使ってみてください。最後を質問にすることで、相手との会話をスムーズに続けることができます。

（例）

「佐藤とはゼミが一緒で、それ以来の腐れ縁なんですよね（①「よね」でゆるめる）。就職が決まったときは『もうこんなふうに集まれることもなくなるんだろうな』（②回想タメ口）なんて言ってたけど、毎年この時期にバーベキューをしていて……（③文末回避で「です」「ます」を避ける）。もう何年だろう（④ひとり言タメ口）、たぶん10年以上なんですよ。○○さんは、佐藤とは何つながりですか？（質問で終える）」


さらに仲良くなりたいのであれば、なるべく早めに「友人になんと呼ばれているか」を質問するのがお勧めです。


（例）

「仲のいい友達にはなんて呼ばれてるんですか？」

「香ちゃんです」

「じゃあ、俺も香ちゃんって呼ばせてもらおうかな（ひとり言）」

敬語をくずすときによく使う、話者不在会話（ひとり言）は、こんなシーンにも便利です。呼び方は関係性に少なからぬ影響があります。距離を縮める効果があるので、仲良くなりたい相手に試してみてください。特に友人から紹介された相手の場合、そもそも仲良くなりやすい要素が多いので効果的です。

逆に、親しくなりたくない相手や距離を保っておきたい相手の場合には、名字に「さん付け」で呼ぶようにし、相手がカジュアルに話しかけてきた場合でも、敬語をくずさないようにすれば距離を保つことができます。

CASE8 母校の先輩

関係性 ★★☆ 敬語は必須でもくずしたほうがいい相手
場面 ★★★ プライベート寄りのくずしやすい場面
話題 ★★★ 共通の話題、近況報告など

敬語以外で先輩を立てる態度を示しつつも、ゆるめの敬語で盛り上がりたい相手です。

挨拶は丁寧な敬語を使って敬意を示すのがよいでしょう。懇親会などのシーンでは「後輩と気さくに話す」といった先輩像を好む人も多いので、ゆるめた敬語で盛り上げるようにするのがお勧めです。

基本的には、先輩が振った話の聞き役になりましょう。相槌、驚き、笑い、質問といったリアクションの部分で敬語をくずしていきます。リアクションをするときには「①感情表出＋②ひとり言」を使えば、会話を盛り上げつつ敬語をくずすことができます。最後を質問にして、先輩に会話を戻しましょう。

(例)
「すごい！（**①感情表出**）　それって、プラチナチケットじゃないですか。一度見に行きたかったんだよなぁ（**②ひとり言**）。手に入れるのは大変でしたよね？」

「すごい！」「美味しそう！」「カッコイイ！」など、感情表出から始めるリアクションは、空気を読まずに会話に入っていっても自然に見えるのがメリットです。知らない人も多く、どう会話に入っていいかわからないときや、席に合流したばかりなどで会話の流れを把握できていないときにも使えます。

先輩との会話では、教えてください系の態度がマッチしますので、質問をうまく使うようにしましょう。

「話題を深掘りする質問」「話題を広げる質問」「他の人に会話を振る質問」の3つを使いこなせるようにしておくのがお勧めです。

（例）
相手「最近、料理に凝ってるんだ。昨日はビーフシチューを作って子供たちに食べさせたよ」
深掘りする質問
「すごいですね。ビーフシチューはどれくらい時間がかかるんですか？」など
広げる質問
「それは本格的ですね。他にはどんな料理を作るんですか？」など

他の人に話題を振る質問
「先輩たちは働き盛りなのに守備範囲が広いですね。○○先輩は料理をしますか？」

くずした敬語で話しても、相手が話す量を多くし、自分は聞き役に回るようにすることで敬意を示すことができます。自分の話は聞かれたら話す程度にし、先輩方を主役にするように心掛けましょう。自分の話をするときには、自慢にならないように気をつけるほか、軽めの自虐ネタを使うことで相手を上げることもできます。

CASE9 帰省で久しぶりに会う親戚

関係性 ★★★ 目上の人でもくずした敬語がふさわしい
場面 ★★★ プライベートであり親睦を深める場面
話題 ★★★ 共通の血縁、冠婚葬祭などの話題、近況報告など

「どう接していいかよくわからない」「何を話していいかわからない」と感じる人も多いかもしれませんが、表面的には親しげにすべき相手ですので、敬語は極力ゆるめ、普通体

（タメ口）に寄せていくのが正解です。

親戚との会話は、会った瞬間がカギです。ここで硬い敬語を使ってしまうと、それでなくても何を話していいかわからない相手と、ぎこちないまま時間を過ごすことに……。会った瞬間、高めのテンションで親しさを演出し、相手に「こういう距離感なんだ」と認識してもらいましょう。「①感嘆詞と相手の名前＋挨拶＋②ひとり言で褒める」という公式を使えば、お互いがぎこちなさを感じる前に、親しく話していい雰囲気を作ることができます。

（例）

「わーっ、弘子おばさん！（**①感嘆と相手の名前**）お久しぶりです。相変わらず若いなぁ（**②ひとり言褒め**）」

感嘆詞と相手の名前を呼ぶときには、声のトーンを高めにするのがコツです。挨拶の後に話す内容は、近況について質問することから始めるとよいでしょう。自分も近況を聞かれると思いますが、答えは最小限にして自慢話やマウンティングにならないように細心の注意を払ってください。

謙虚なつもりで自虐的な近況報告をする人もいますが、親戚という狭い世界ではこれもNGな発言。謙虚さのつもりで話したことが、「○○ちゃんは大変なんだって」といった不幸ネタとして、様々な親戚にニュアンスを変えて伝えられてしまうリスクがあるからです。

自分を下げるよりもお勧めなのは、相手を上げることです。近況報告をニュートラルにした後に「僕なんかよりも○○ちゃんのほうがすごいじゃない、最近また昇進したんでしょ」など、相手を上げるフレーズでフォローしましょう。

親戚とはできるだけカジュアルに話す代わりに「褒めるポイント」をどんどん探して、相手を上げるようにします。目の前の相手だけでなく、パートナー、子供など、思いつく限りのことを全力で褒め続けるくらいでちょうどいいでしょう。自分の話を長々と語るのは避けたいので、質問をされた場合でも適当に切り上げて、褒めか質問で返します。


(例)

「○○ちゃんの会社はすごいわねぇ。お給料も高いんでしょ?」

「いえいえ、そうでもないんですよ。それより長男の××ちゃんは、手に職があるから何かあっても安心じゃないですか。羨ましいなぁ。そういえば××ちゃんのところの赤ちゃんはもう1歳でしたっけ？ 利発そうな子でしたよね」

もし話題に詰まってしまったら、懐かしい話を持ち出しましょう。親戚の結婚式のときの話、おじさんたちの武勇伝、従姉妹《いとこ》たちの小さい頃の話など、昔のいい思い出を話題にすれば、周りの人があれこれ話し出してくれるはずです。

懐かしい話題には、人の気持ちをポジティブにする効果もあるので、親戚が集まったときなどにはピッタリの話題と言えるでしょう。

CASE10 趣味つながりなどプライベートなコミュニティ

関係性 ★★☆ 経験や年齢などを考慮するも比較的フラット
場面 ★★☆ 時間の経過にともない、個人的な質問も出やすい
話題 ★★☆ 共通話題で盛り上がりやすいが自己開示までには時間かかる

趣味など仕事とは関係ないコミュニティでは、共通の興味関心があるので会話がしやす

い環境ではあります。会話は丁寧な敬語から始まりますが、どんな人かわからない段階での探り合いさえ終わってしまえば、話しやすい相手と言えるでしょう。

「詮索しているように感じられたらどうしよう」「そっけなくされたらどうしよう」と尻込みしてしまう人は、質問する前に自分から自己開示するというテクニックを使ってみてください。先に自分に関する情報を話しておくと返報性《へんぽうせい》が働きますので、お返しの気持ちで答えたくなるという効果が期待できます。

(例)
「こんばんは。私はまだ3回目なんですけれど、このお店のワイン会にはよく参加されるんですか？」

長く参加している人は、まだ新しい人には敬意を示してほしいという気持ちを抱きやすいものです。共通の趣味についての話題になれば敬語をくずしていってOKですが、早いうちに参加歴について聞いておいて、目上の人、参加歴の長い人には、敬語以外の部分で敬意を示すとよいでしょう。敬語をくずすのは、相手の話に共感ポイントを見つけたときです。「①

よね＋私も＋質問」で会話に入り、リアクションで②ひとり言風の感想を入れましょう。

（例）
自分「自然派ワインはクセになりますよね（①「よね」でゆるめる）。私も最近、自然派ばかりなんです。最近飲んだ自然派ワインで印象に残っているものはありますか？」
相手「イタリアのオレンジワインで面白いのがありましたよ。微発泡なんですけど」
自分「それは美味しそうですね。今度取り寄せてみよう（②ひとり言風の感想）」

趣味のコミュニティでは、自分の話が自慢話だと思われないようにするのも大切です。なるべく聞く側に回り、自分が話したいことがある場合には、相手に質問をして、オウム返しの質問を待つのがよいでしょう。

（例）
「ワイナリー巡りとかされたりしますか？ これまで行ったワイナリーでお勧めがあったら教えてください」

「日本だったら、長野ですかね。メルシャンが良かったです。どこかお勧めありますか？」

質問されたことに答えた後は「あなたはどうですか？」という質問をしやすいので、聞かれてから自分の話をするようにすると嫌みなく話ができます。このときも自分の話は手短にし、質問で相手や周りの人が話せるように戻しましょう。人の話を聞く側に回り、共感ポイントを見つけたときに、敬語をくずすようにします。

CASE11 合コン

関係性 ★★★ 時間の経過とともに敬語をくずしたい相手
場面 ★★★ 完全プライベートかつ、くずしやすい場面
話題 ★★★ やわらかい話題、距離を縮めやすい話題が選ばれがち

合コンは、敬語をくずしやすい場面です。しかし、はじめからくずして明るく振る舞うと「誰にでも親しげにする人」という印象を持たれることもあります。はじめは丁寧な敬語を使い、会話が弾んでいくにつれてくずしていくのがよいでしょう。気が合う人を見つ

けたら、タメ口を交ぜていきます。同意できるポイントが見つかったら、「①タメ口で肯定コメント＋②同意表現に『よね』」を使ってみましょう。

(例)
「それ、いいね（①タメ口で肯定）。俺もそういうの好きなんだよね（②同意に「よね」）」

短い肯定と同意表現であれば、タメ口を交ぜてもなれなれしいと思われにくいので、同意できるポイントを見つけたときにはぜひ試してみてください。

あまりタイプでない人から話しかけられた場合には、丁寧な話し方をすることで、距離感を伝えることもできます。全員に優しくしてしまいがちな人こそ、敬語の丁寧さで差をつけましょう。「誰にでも優しい人＝対象外」と思われるリスクを減らす効果があります。

自分のことを話してから、相手に質問をするというテクニックは合コンでも有効なのですが、「あなただから」ということを伝えないと誰にでも開放的な人だと思われてしまいます。何往復か自己開示をしたタイミングで、特別なケースだという一言も伝えるようにしましょう。このとき、敬語とタメ口をミックスしてもいいでしょう。

（例）
「普段は人見知りなんですけど、○○さんとだと、自分のことを話せちゃうんだよね」

連絡先を聞くときや次回の約束をするときには、くずした敬語を丁寧な敬語に戻すと「誰にでも気軽に声をかけているわけではない」「きちんとしている」という印象になります。

CASE 12 PTAなど子供つながりの相手

関係性　★★☆　基本的にフラットだが序列がある場合も
場面　☆☆☆　自分が話しかけないと発展しにくい場面
話題　★★☆　子供の話、共通の興味の話など

PTAなど子供のつながりの相手に対しては「共通点も多いし話がしやすい」と感じる人と、「子供つながりの人とは話がしにくい（話したくない）」と感じる人に大きく分かれ

ます。

基本的に自分から話しかけないと会話に発展しにくいことを前提に、挨拶プラス一言から始めるのがよいでしょう。会話は無理に盛り上げなくてもよく、まずは「話しかけてもOKです」という意思表示ができれば十分です。ゆるめの敬語でスタートしましょう。

（例）
「こんにちは（挨拶）。体育館はちょっと寒そうですね（プラス一言）」

挨拶に一言をプラスするだけなら、話しかけるのが苦手な人でも挑戦できますし、相手が親同士の会話を好まない人でも嫌がられない範囲です。「本当に寒そうですね」など、一言の挨拶で黙るようであれば、無理に話を続けなくても大丈夫です。相手が続けて何か話してきた場合には「話したい側の人」の可能性が高いので、相手の会話へのリアクションを主体に雑談を続けましょう。

敬語をくずすポイントとしては「共通の心配事」がお勧めです。ポジティブな話題だと、「マウントを取られた」と感じてしまう人も、ネガティブな話題だと仲間意識を持ちやすいようです。敬語は「①心配への同意＋②感情表出＋質問」を使ってくずすとよいでしょう。

（例）
「ウチの子も、学校からの手紙を持ってこないんです（①心配事への同意）。何度言ってもダメで、本当困っちゃって（②感情表出）。提出物とか、出せてますか？（質問）」

子供に関する心配事や悩みなどは、他の家庭ではどうか気になりますし、自分だけではないとわかると嬉しいものです。心配なことや対策についての共有は、喜ばれる会話ですし、盛り上がりやすい要素もたくさんあります。質問をして「教えてください」という雰囲気にすることで、相手を立てることもできますので、序列があるような場合にも適しています。

6章

メール・オンライン時代に役立つ敬語のくずし方

「メール」で敬語をくずしたいときの4ステップ

正しい敬語でメールを送るというのは、社会人の必須スキルと言えるでしょう。しかし、メールは表情や声のトーンなどの非言語コミュニケーション部分が伝わらないため、いわゆるビジネスメールだと「儀礼的」「定型文のコピペのよう」「決まり文句で冷たい感じ」といった印象を持たれることもあります。

対面コミュニケーションのときのように、関係性、話題などによってはメールでも敬語をくずしたほうがいいケースは少なくありません。失礼にならないよう、少しだけやわらかい印象をプラスするにはどうすればいいのか。4つのステップを確認しておきましょう。

STEP1 「宛名」をやわらかくする

仕事のやりとりをするメールなど、改まったメールには決まった型や形式があると思うかという調査によると、「あると思う」と考える人は61%。決まった型や形式とはどのようなものかという質問への回答は、1位が「お世話になっております」などの挨拶75%、次いで「宛名を入れる」が73%でした（国語に関する世論調査 文化庁2017）。

会話で第一印象が大事なように、メールでの宛名は思っている以上に影響があることをご存じでしょうか。対面なら多少硬い挨拶から始めても、笑顔を見せる、口調をやわらかくするなどの小技で丁寧さを和らげることができますが、メールの場合、宛名部分を硬くしてしまうと、非言語コミュニケーションが使えないため、やわらかくしていくのは難しくなります。

距離を縮めたい場合には、宛名部分を少しずつやわらかくしていくのがよいでしょう。基本として①「会社名＋名前＋様」→②「名前＋様」→③「名前＋さま」→④「名前＋さん」という流れを覚えておくと便利です。

（例）
①株式会社ＡＢＣ　山田太郎様　→　②山田様　→　③山田さま　→　④山田さん

自分が先にメールをするときは②から始めるのがお勧めです。①はオフィシャルにふさわしいのですが、儀礼的なイメージを持たれやすくなります。堅くなりすぎず、でも失礼にならない②は、様々な関係性の人に使えます。迷ったときには②から始めましょう。

返信の場合は、会話のときと同様、基本的には相手が選んだ丁寧度に合わせます。例えば、先方から来たメールの宛名部分が②の場合には、自分も②から返すとよいでしょう。

ゆるめていくのは、目上（年上）の人からやるとスムーズです。自分が目上（年上）の場合には率先してやりましょう。そうでない場合、例えばフラットな関係である場合や目下（年下）の場合でも、この程度の宛名のゆるめであれば失礼だと怒るような人はまずいません。やりとりの回数、相手との関係性、今後も仲良くしていきたい相手なのかどうか、話題などを考慮して、もう少し距離を縮めたい相手であれば③に移行します。実際に会ったときに敬語をくずせるような間柄になっていれば④に移行してもよいでしょう。

STEP2 文章に「！」を入れる

メール本文の中に「！」を入れると、少しくだけた感じを伝えることができます。これに反応して、相手も次回からのメールでくだけた感じの文章を返しやすくなる効果も期待できます。丁寧な言い回しはそのままに「！」をつけてみましょう。つける場所は、挨拶部分のほか、感動したところ、強調したいところなどです。

（例）
冒頭挨拶部分「お世話になっております！」「早速の返信ありがとうございます！」など
感動した部分「B案拝見しました。素晴らしかったです！」など
強調したい部分「助かりました。ありがとうございます！」など
締めの挨拶部分「引き続きよろしくお願いします！」など

メールをやわらかい印象にしたい場合、顔文字を使ってはどうかと考える人もいるかもしれません。適切な顔文字の使用には、お互いの感情を調整し円滑にする機能があります（荒川・竹原・鈴木, 2006）。しかし、ビジネスシーンでは避けたほうがよさそうです。「改まったメールには決まった型がある」と考えている人のうち、41％の人が「顔文字」「（笑）」「♪」などを「使用しない」と回答しています。対面コミュニケーションでかなりくだけた話をできる相手以外には使わないのが無難でしょう。

STEP3 「ならでは」の一文をプラスする

いわゆる定型文のような文章だけでなく、これまでのやりとりに関連する、「自分と相手ならではの一文」をプラスします。このとき、相手の名前を入れること、相手がしてくれたこと、自分の感想などを入れるのもお勧めです。

(例) 定型文

「先日はありがとうございました。修正を加えた見積もりを再送いたします。また何かご不明な点がございましたら、お気軽にご連絡ください」

(例)「ならでは」の一文をプラス

「先日は率直なご意見をありがとうございました! 私たちでは気づけなかった点なので、大変勉強になりました。実際に使う人の目線というのは大切ですね。

鈴木さんにご指摘いただいた部分を反映しまして、早速、見積もりを作り直してみました。添付いたしますので、ご確認お願いいします。
また何かご不明な点やリクエストがありましたら、お気軽にご連絡ください」

「ならでは」の一文を入れると、コピペのような印象は持たれなくなります。やわらかい雰囲気の文面にしても、丁寧な印象を持たれやすいというメリットもあります。

STEP4 個人的な一文をプラスする

冒頭や締めの挨拶の部分に、近況など個人的な一文をプラスしてみましょう。丁寧な言い回しを使っていても、親しみの感情を伝えることができます。

(例)
スッキリしない天気が続いていますね。
在宅ワークで太ったぶんをウォーキングで戻そうとしていたのですが、
これでまた、運動もさぼりがちになりそうです。

天気やニュースなど、雑談ネタになりそうな話題を使って自分の近況を伝えましょう。たったこれだけですが、相手もお返しで自分に関することを返信してくれることが多くなります。仕事内容だけのメールだと誤解が生じたり、冷たいと感じてしまったりしがちです。

表情や声のトーンといった非言語コミュニケーションは、意味を理解するのにも重要な役割を果たしています。例えば「バカ」という言葉でも、「侮蔑の表情で強い口調で言われる場合」と「顔を赤らめて恥ずかしそうに言われる場合」ではまったく違った意味になります。

丁寧で簡潔に用件を伝えるメールは、ときとして「あまり興味がない」「形式的な返信」と誤解されることもありますし、相手を傷つけることもあります。このような誤解を予防するという意味でも、近況などの一文を加えるというのは効果的です。

追伸で近況を書く人もいますが、手紙で追伸を使うのはマナーとして失礼だと考える人もいます。これは追伸が、書き直しの手間を省くものであると考えられていた頃の名残だと思われます。

形骸化しつつあるマナーだとは思いますが、メールでも「追伸」という表記は使わずに、本文の中に織り込みましょう。

「オンライン」（画面で顔が見えているとき）での敬語のくずし方

画面越しに顔を見ながら会話するオンラインでの打ち合わせなどでは、基本的に対面コミュニケーションのときと同じテクニック（かしこまった言葉を平易な言葉に代える、ひとり言などを入れる、「ね」「よね」を使う、リアクションをゆるめる、文末の敬語を避ける）を使って敬語をくずしていきます。

在宅ワークなどの場合、ややカジュアルな服装でいいこともあり、対面のときよりも敬語をくずしやすいと感じる人もいるでしょう。

一方で「オンラインだと雑談が切り出しにくい」と感じる人も少なくないようです。本題の前に雑談をするというのは、対面のときと一緒です。天気の話、最近のニュースで感じたこと、在宅ワークのことなど、ほんの一言でいいので自分から雑談を振ってみましょう。

対面と違って雑談は緊張してしまうという人は、音声がクリアに聞こえるかどうかを確認するなど、オンラインで自然にできる質問をします。感想などを一言付け加えると相手もお返しをしてくれるので雰囲気が和みます。

（例）

「こんにちはー。こちらの声は聞こえてますか？」

「はい、大丈夫ですよ」

「よかったです。ときどきＷｉ－Ｆｉの具合が悪くなることがあるので……。オンラインミーティングって、便利なようで大変なこともありますよね」

「今は大丈夫ですけど、うちも調子悪いときがありますよ。メリットとデメリットがありますよね、オンラインは」

敬語をくずすタイミングも基本的には対面コミュニケーションと同じですが、オンラインの場合は「会話がかぶってしまったとき」「沈黙してしまったとき」もチャンスになります。オンラインではわずかなタイムラグがありますし、視線や呼吸など話者交代のタイミングがわかりにくいという特徴があります。会話がかぶるとお互いが沈黙してしまうことになりやすいので、そのタイミングで感情表出やひとり言を入れてみてください。

（例）

「わーっ、すみません。オンラインはどうして、こう、かぶっちゃうんだろうな」
「あっ、また待っちゃった。発話のタイミングって、どうしてこう難しいんですかね」

会話かぶりをどうしたらなくせるかと悩んでいる人もいるようですが、オフィシャルな会話から個人同士の話に切り替わるタイミングとしては最高です。むしろ、その機会を距離を縮める機会として活用しましょう。

ほんの少しでも、素《す》の部分（ビジネスライクな雰囲気とは違った部分）を見せるのは好感度を上げる効果が期待できます。また、会話かぶりといったお互いの共通体験は、トラブルを一緒に乗り越えるといった雰囲気で、心の距離を縮めやすくしてくれます。敬語をくずしすぎたかなと思った場合でも、本題に戻るときに丁寧な敬語に戻せば問題ありません。

「チャット」での敬語のくずし方

グループでチャットをしながら仕事を進めていくケースも増えていると思います。そんなシーンでは、文末の敬語回避を使うと敬語をくずしやすくなります。チャットの場合、短い文章を使って内容を簡潔に伝えるのが一般的です。メールでは失礼になる長さでも、チャットでは違和感を持たれることが少ないのです。

(例) メッセージへの返答で文末回避をする
「月末で忙しいけれど、きちんと休みは取れてる？」
「はい、なんとか」

(例) 質問をするときに文末回避をする
「A社の件なんですが、追加は？」
「ないよ」

チャットでのやりとりでも「！」を使ってカジュアルさを伝えることができますので、併せてやってみてください。少しくずしすぎたかなと思った場合には、いつでも丁寧に戻してOKですし、最後の挨拶部分を丁寧な敬語に戻せば、十分に敬意を伝えることができます。

おわりに

「孤独のリスク」は、しばしば1日15本の喫煙にたとえられています。冠動脈性心疾患のリスクを50％高めることがわかっていますし（Public Health England, 2015）、孤独を経験している人は、うつ病を患う確率が3・4倍高いという研究もあります（Davidson & Rossall, 2015）。

太く短く生きればいいと思う人もいると思いますが、人とのつながりは、生きているときの幸福度にも影響します。例えば「孤独を感じる」と回答する人は、そうでない人に比べて生活満足度が約7倍低いですし、「幸せを感じない」と回答する率は3倍以上というデータもあります（Thomas, 2015）。

コミュニケーション、とくに人との距離を縮めるためのテクニックをご紹介すると、「そこまで気を使いたくない」「わかる人にだけわかってもらえればいい」という感想をいただくことがあります。人とうまくやっている人を「軽い」「いい加減」「ずるい」など、ネガティブに受け止める人もいるようです。

でも、皆さんがうすうす感じている通り、人とのつながりは健康で幸せに生きるための重要な要素です。地元のコミュニティでも、趣味の会でも、仕事関係の人とでも構いません。ほんの少しだけ勇気を出して、くずした敬語を使ってみてください。コミュニケーションは相互作用の部分が大きいので、きっとこれまでとは違う手応えを感じることができると思います。

本書が1日15本の喫煙に相当するリスクを減らす一助になるなら、これほど嬉しいことはありません。

藤田尚弓

■おもな参考文献

・Asch, S. E. (1946). Forming Impressions of Personality. The Journal of Abnormal and Social Psychology, 41(3), 258-290.
・Blanck, P. D., & Rosenthal, R. (1982). Developing strategies for decoding "leaky" messages: On learning how and when to decode discrepant and consistent social communications. In Development of nonverbal behavior in children (pp. 203-229). Springer, New York, NY.
・Dunn, C. D. (2011). Formal forms or verbal strategies? Politeness theory and Japanese business etiquette training. Journal of Pragmatics, 43(15), 3643-3654.
・J. V. Neustupny(1983)「敬語回避のストラテジーについて～主として外国人場面の場合～」『日本語学』VOL.2,N.1,pp.62-67.
・Pell, M. D., Monetta, L., Paulmann, S., & Kotz, S. A. (2009). Recognizing emotions in a foreign language. Journal of Nonverbal Behavior, 33(2), 107-120.
・荒川歩 , 竹原卓真 , & 鈴木直人 . (2006). 顔文字付きメールが受信者の感情緩和に及ぼす影響 . 感情心理学研究 , 13(1), 22-29.
・井上史雄 . (2017). 新・敬語論　なぜ「乱れる」のか (NHK 出版新書)
・宇佐美まゆみ . (2015). 日本語の「スタイル」にかかわる研究の概観と展望：日本語会話におけるスピーチレベルシフトに関する研究を中心に (< 特集 > スタイルの生成と選択). 社会言語科学 , 18(1), 7-22.
・奥山洋子 . (2005). 話題導入における日韓のポライトネス・ストラテジー比較：日本と韓国の大学生初対面会話資料を中心に . 社会言語科学 , 8(1), 69-81.
・中村桃子 . (2020). 新敬語「マジヤバイっす」社会言語学の視点から (白澤社)
・深尾まどか . (1997). 大学生の敬語意識 -- 丁寧さと親しさの調節について . 日本語教育研究 , (33), 82-106.
・文化庁「国語に関する世論調査」平成 10 年度
・文化庁「国語に関する世論調査」平成 28 年度
・文化庁「国語に関する世論調査」平成 29 年度
・三牧陽子 . (2002). 待遇レベル管理からみた日本語母語話者間のポライトネス表示：初対面会話における「社会的規範」と「個人のストラテジー」を中心に (< 特集 > 言語の対人関係機能と敬語). 社会言語科学 , 5(1), 56-74.
・守田美子 . (2021). 日本語における 2 タイプの「ス」体とその語用論的機能 . 人間生活文化研究 , 2021(31), 14-23.

青春新書
INTELLIGENCE

こころ涌き立つ「知」の冒険

いまを生きる

"青春新書"は昭和三一年に――若い日に常にあなたの心の友として、その糧となり実になる多様な知恵が、生きる指標として勇気と力になり、すぐに役立つ――をモットーに創刊された。

そして昭和三八年、新しい時代の気運の中で、新書"プレイブックス"にその役目のバトンを渡した。「人生を自由自在に活動《プレイ》する」のキャッチコピーのもと――すべてのうっ積を吹きとばし、自由闊達な活動力を培養し、勇気と自信を生み出す最も楽しいシリーズ――となった。

いまや、私たちはバブル経済崩壊後の混沌とした価値観のただ中にいる。その価値観は常に未曾有の変貌を見せ、社会は少子高齢化し、地球規模の環境問題等は解決の兆しを見せない。私たちはあらゆる不安と懐疑に対峙している。

本シリーズ"青春新書インテリジェンス"はまさに、この時代の欲求によってプレイブックスから分化・刊行された。それは即ち、「心の中に自らの青春の輝きを失わない旺盛な知力、活力への欲求」に他ならない。応えるべきキャッチコピーは「こころ涌き立つ"知"の冒険」である。

予測のつかない時代にあって、一人ひとりの足元を照らし出すシリーズでありたいと願う。青春出版社は本年創業五〇周年を迎えた。これはひとえに長年に亘る多くの読者の熱いご支持の賜物である。社員一同深く感謝し、より一層世の中に希望と勇気の明るい光を放つ書籍を出版すべく、鋭意志すものである。

平成一七年　　刊行者　小澤源太郎

著者紹介
藤田尚弓〈ふじた　なおみ〉
コミュニケーションコンサルタント、企業と顧客をつなぐコミュニケーション媒体を制作する株式会社アップウェブ代表取締役。全国初の防犯専従職として警察署に勤務し、防犯関連のコミュニケーションデザインを担当。銀座のクラブ、民間企業を経て、現在に至る。異色の経歴にもとづく硬軟織り交ぜたコミュニケーションの専門家として、企業研修や執筆、TVコメンテーターなど幅広く活動している。早稲田大学オープンカレッジ講師、All About 話し方・伝え方ガイド。日本社会心理学会、日本応用心理学会所属。著書に『NOと言えないあなたの気くばり交渉術』（ダイヤモンド社）、『銀座で学んだ稼ぐ人のシンプルな習慣』（総合法令出版）などがある。

いい人間関係《にんげんかんけい》は
「敬語《けいご》のくずし方《かた》」で決《き》まる

青春新書
INTELLIGENCE

2021年9月15日　第1刷

著者　藤《ふじ》田《た》尚《なお》弓《み》

発行者　小澤源太郎

責任編集　株式会社プライム涌光
電話　編集部　03(3203)2850

発行所　東京都新宿区若松町12番1号 〒162-0056　株式会社青春出版社
電話　営業部　03(3207)1916　振替番号　00190-7-98602

印刷・中央精版印刷　製本・ナショナル製本

ISBN978-4-413-04630-5